T0278793

Bebepedia

Bebepedia

Guía imprescindible para sobrevivir a la crianza con humor y rigor

Dr. Pepe Serrano

Pepe Pediatra

Rocaeditorial

Penguin
Random House
Grupo Editorial

Primera edición: febrero de 2024

© 2024, Pepe Serrano Marchuet
© 2024, Roca Editorial de Libros, S.L.U.
Travessera de Gràcia, 47-49. 08021 Barcelona

Printed in Spain – Impreso en España

ISBN: 978-84-19743-88-6
Depósito legal: B-21342-2023

Compuesto en Fotoletra, S. A.

Impreso en Liberdúplex
Sant Llorenç d'Hortons (Barcelona)

RE 4 3 8 8 6

Índice

Introducción.
Por qué he escrito este libro

Voy a sincerarme con vosotros: hace mucho tiempo que tenía en mente escribir este libro, o algo similar. Y en más de una ocasión incluso lo había empezado, pero tantas veces como lo empecé, tantas veces lo aparqué, y tantas veces como lo aparqué, tantas veces perdí los apuntes de todo lo avanzado. Así que cuando la editora me hizo la propuesta de emprender la aventura de escribir un texto en solitario, vi por fin abierta la puerta a reiniciar y, sobre todo, a llevar a cabo este proyecto que, en realidad, empezó hace unos años, cuando «monté» mi blog y lo llamé Pepepedia.

En él, trataba de dar una explicación clara pero rigurosa de todo lo que rodea el cuidado de los bebés. Desde los suplementos durante la gestación hasta las vacunas, pasando por la alimentación, la Pepepedia (como la *Bebepedia* que tienes entre las manos) pretendía concentrar todo lo que necesitas saber sobre estas increíbles criaturas, un compendio libre de bulos y avalado por la pediatría. También quería dar respuesta a las dudas más habituales que escuchamos en consulta de padres y madres primerizos, abrumados por la enorme, aunque cotidiana, responsabilidad de criar a otro ser humano.

¿Os habéis dado cuenta de que para muchas de las actividades que comportan cierta responsabilidad en nuestra vida cotidiana nos es preciso una mínima capacitación? El carnet de conducir o el de manipulador de alimentos, el título universitario... Incluso para contraer matrimonio, en muchas parroquias te requieren haber realizado un curso previamente. ¿Habéis notado que criar a un hijo parece una más de nuestras actividades cotidianas, pero en realidad comporta una gran responsabilidad (si no la mayor que exista)? ¿Y os habéis fijado en que para eso no existe cursillo ni carnet que valga? Vale, ya no hago más preguntas. Únicamente quiero comentaros que se me ocurrió que podía ser una buena idea, con la finalidad de ayudar a los futuros papás y mamás —ya sean recientes o consolidados—, crear un libro de preguntas y respuestas múltiples, a imagen del de las autoescuelas que todos tenemos en mente, para así facilitar el aprendizaje de algunos conocimientos y habilidades cuyo objetivo sea mejorar las atenciones que dedicáis a vuestros hijos. Si en algo lo consigo, consideradme la persona más afortunada del mundo; de lo contrario, espero que la lectura del libro os sea leve, os resulte agradable y hasta cierto punto divertida.

MODO DE EMPLEO

El texto contiene unas breves explicaciones a modo de introducción al inicio de cada uno de los apartados, pero básicamente se compone de diversas preguntas tipo test de las cuales deberéis marcar la respuesta que consideréis correcta para, posteriormente, verificar si habéis acertado. En las correspondientes aclaraciones que se dan al respecto, más allá del alegrón que comporta haberla respondido bien, tendréis los razonamientos que soportan la respuesta correcta y los que desmienten las opciones falsas. La mayoría de las preguntas tienen una única respuesta válida, pero no os fieis demasiado: es posible que alguna tenga varias correctas o incluso que todas lo sean. Tampoco os obsesionéis con esto, ¿de acuerdo? Solo se trata de alguna que otra preguntilla trampa que os he colado por ahí en medio.

Al principio del libro disponéis de un examen, la prueba preliminar, para que hagáis una evaluación de vuestros conocimientos básicos con los que partís. Ese examen se repite con las mismas preguntas (o no) al final del texto para que os deis cuenta de cuál ha sido vuestra evolución.

Advertencia (o *disclaimer*, para los modernos) I

Con la finalidad de hacer la lectura más pasajera, en la mayor parte del texto se ha empleado el masculino como término inclusivo en aras de evitar lo farragoso que resultaría estar hablando permanentemente en términos de niño/niña, papá/mamá, padre/madre, abuelo/abuela, etc., y solo se emplea el recurso del desdoblamiento de géneros en aquellos casos en los cuales pueda parecer que el masculino no los engloba a ambos, o bien para dotar al texto de una especial singularidad. Dando por supuesto, también, que los términos «padre» o «madre» y sus derivados incluyen a cuidadores y/o progenitores cuando sea el caso. Asimismo, se ha intentado hacer un uso del lenguaje no sexista en referencia a las profesiones o actividades de los diversos actores que aparecen en el texto.

ADVERTENCIA II

Con igual finalidad que la advertencia anterior, se han usado indistintamente los términos «pediatra», «equipo de pediatría» o sencillamente «pediatría». Se hará referencia concreta a cualquiera de los profesionales del equipo cuando venga determinado por las propias características y atribuciones de su trabajo cotidiano.

ADVERTENCIA III

Querido lector, en función del texto, me he dirigido a ti en segunda persona del singular o a vosotros en la segunda del plural, sin que ello signifique en absoluto que lo que se dice en el texto vaya dirigido a uno de los padres concretamente o a los dos. El empleo de esos términos se ha hecho indistintamente asumiendo que cualquier responsabilidad no tiene un ejecutor determinado y debe ser, siempre que se pueda, compartida.

ADVERTENCIA IV

En múltiples apartados del texto se hace referencia a las abuelas. El hecho de citarlas viene determinado básicamente por dos circunstancias, a saber:

- Poner en valor que el conocimiento es algo evolutivo y que muchas cosas que hemos dado por sentadas durante mucho tiempo han ido variando.
- Generar la reflexión respecto a que aquello que pueda estar dictado desde el cariño —no hay nada que una abuela pueda querer más que a sus nietos— en muchas ocasiones no es lo más acertado.

Sirva este texto para plasmar, una vez más, mi devoción por todas las abuelas del mundo, en especial por las mías, la *iaia* Lola y la abuela Pepa, que me hicieron comer las cosas más inverosímiles que podáis imaginar con el ansia desmesurada de que dejase de ser ese chiquillo escuchimizado que fui.

ADVERTENCIA V

En el presente libro pueden encontrarse frases atribuibles a Gemma del Caño, Maria Manera, María José Mas, Julio Basulto, Carlos Casabona, Juan Revenga, Gabi Ruiz o al Comité Asesor de Vacunas de la Asociación Española de Pediatría. Debido a la especial afinidad con todos ellos, es posible que alguna de sus magistrales ideas clave haya quedado incrustada en mis neuronas y se haya plasmado de la misma forma en la que ellos lo hacen. No es plagio, es puro amor. De recordarse el autor, se hará mención expresa.

ADVERTENCIA VI

Afortunadamente, y a pesar de algunos, la ciencia es cambiante, evoluciona constantemente, y la pediatría no es una excepción. Por eso, es posible que alguno de los postulados expuestos en cualquier párrafo del presente libro esté desactualizado o sencillamente obsoleto en el momento que lo leáis (pero era la información vigente cuando escribía este libro). Por el bien de la ciencia, es casi mejor así.

ADVERTENCIA VII

Ya sé que todo lo anterior os lo sabéis de sobra, pero es de ley hacerlo constar.

1

¿Estáis preparados?

No lo alarguemos más y veamos hasta dónde llega vuestra sapiencia en «niñología»:

1. **En referencia a la alimentación de la futura mamá, ¿deberían introducirse algunas variaciones en especial?**
   a. Cualquier tipo de alimentación debería mantenerse igual para no alterar el metabolismo de la embarazada.
   b. Si la alimentación es saludable, puede mantenerse igual, aunque no está de más que sea supervisada.
   c. Se debería aumentar siempre el consumo de vegetales.
   d. Incrementar la proporción de embutidos favorece la formación de sangre y evita la anemia.

2. **Antes de ir al hospital a parir, ¿debo tener la habitación de mi retoño preparada e impoluta para cuando vuelva del hospital?**
   a. No es necesario, durante los días de mi estancia en el hospital la suegra lo hará.
   b. Pues no, tampoco va a dormir ahí...
   c. ¡Claro! A ver si cuando volvamos a casa va a tener que dormir en el trastero.
   d. ¡Ah! ¿Los niños tienen habitación aparte?

3. **¿Qué es lo primero que vas a hacer una vez haya nacido el bebé?**
   a. Ponerlo bien guapo y echarle unas fotos para el Instagram.
   b. Dárselo a la abuela para que lo vista rápidamente.
   c. Empezar con el «piel con piel».
   d. Que se lo lleven a la *nursery*, ¡tenemos que descansar!

4. **Si no le podemos dar lactancia materna al recién nacido:**
   a. Forzamos al máximo.
   b. Entramos en dinámica de mala familia.
   c. Estamos en el siglo XXI: lactancia artificial.
   d. La leche de camella es buena sustituta.

5. **Respecto a las visitas de familiares a un recién nacido en el hospital:**
   a. ¿Visitas? No, gracias.
   b. Cuanto antes vengan todos, antes acabaremos.
   c. Solo familiares directos.
   d. Solo los niños de la familia para que lo vayan conociendo.

6. **La recomendación sobre la frecuencia en que debe comer un bebé es:**
   a. Cada tres horas.
   b. A demanda.
   c. Intentando que aguante al máximo.
   d. A lo loco.

7. **¿Cuándo se ponen las primeras vacunas?**
   a. De recién nacido, no.
   b. Empezaremos a los 2 meses.

    c. ¿«Vacuna» viene de «vaca»?

    d. Todas las anteriores son ciertas.

8. **Si nos olvidamos de ponerle alguna vacuna, ¿la podremos recuperar más adelante?**

    a. Sí.

    b. No. Santa Rita Rita...

    c. Pocas veces.

    d. Cuidado con eso. Casi nunca se pueden recuperar.

9. **Ir a la guarde (jardín de infancia):**

    a. Es básico en su desarrollo intelectual.

    b. Ya aprenderá más adelante lo que haga falta, aunque no vaya.

    c. ¿En la guarde se aprende?

    d. Total..., está siempre con mocos y al final no va a ir nunca.

10. **Las infecciones en los bebés:**

    a. Son un peñazo.

    b. Son inevitables.

    c. Suelen ser más frecuentes en los que van a la guardería.

    d. Todas las anteriores son correctas.

11. **En referencia al calzado, una vez comienzan a andar, este debería ser:**

    a. De marca siempre.

    b. Aprobado por sociedades científicas.

    c. Adecuado a sus necesidades.

    d. Imprescindible todo lo anterior.

12. Hablamos de fiebre cuando la temperatura es:
- **a.** En la axila, superior a 37,5 °C.
- **b.** En la axila, superior a 39 °C.
- **c.** En la axila, superior a 38 °C.
- **d.** En el recto, superior a 39,5 °C.

13. «Comer de todo» en un niño significa:
- **a.** Pues eso, de todo, de-to-do.
- **b.** El «de todo» de ahora ya no es como el de antes.
- **c.** Lógicamente, algunos guisos y comidas populares no podrá comerlas hasta los 7 u 8 años.
- **d.** La a y la c son ciertas.

14. Los andadores:
- **a.** Siempre deben estar homologados.
- **b.** Deben ser ligeros y estables.
- **c.** Mínimo de tres ruedas.
- **d.** ¿Andadores? Ni en pintura.

15. ¿Cuándo debo pensar que algo no anda bien?
- **a.** Cuando el peso y la talla del bebé son menores que los de los demás niños de la guarde.
- **b.** Cuando mi niño todavía no come lo mismo que los niños de su clase.
- **c.** Cuando todos dicen «papá», «mamá» y «cuñado» y él todavía no.
- **d.** Ninguna de las anteriores es cierta.

16. Cuando estemos en la piscina:
- **a.** Si tenemos la seguridad de que nada bien, no hay peligro.
- **b.** Jamás puede estar en el agua sin supervisión.

c. El flotador siempre es un elemento de seguridad importante. De ahí su nombre: salvavidas.

d. No podemos bajar la guardia ni un minuto.

17. ¿Y sobre lo de tomar una copita de alcohol de vez en cuando en el embarazo?

a. Está claro que si únicamente es de vez en cuando no puede ser malo.

b. Mejor no restringir la ingesta habitual para que el cuerpo no se resienta.

c. La cantidad de alcohol recomendada durante el embarazo es ninguna.

d. Si es bueno para mí, lo será para mi futuro bebé, ¿no?

RESPUESTAS

	a	b	c	d
1		✓		
2		✓		
3			✓	
4			✓	
5	✓			
6		✓		
7				✓
8	✓			
9		✓		
10				✓
11			✓	
12			✓	
13		✓		
14				✓
15				✓
16		✓		✓
17			✓	

2

Previo a la concepción

Si habéis planeado tener un bebé, ¡genial! Este capítulo puede seros de ayuda en algún aspecto. Si ya estáis embarazados, os lo podéis saltar con cierta impunidad y reservarlo para la próxima ocasión. No todos los futuros papás/mamás saben que se deberían tener en cuenta algunas consideraciones previas al momento de la concepción. Las siguientes cuestiones van sobre eso.

1. **Hemos decidido tener un bebé, es el momento adecuado para tomarse todas las cervezas del mundo, relajarnos con lo de hacer ejercicio y no preocuparnos de esos kilitos de más:**
   a. Cierto, después no podréis hacerlo y sería una lástima pasarse la vida con el arrepentimiento de eso.
   b. Tampoco es cuestión de pasarse, pero no tiene ninguna trascendencia.
   c. Falso, es un buen momento para empezar a poner orden en nuestra vida.
   d. Van a faltar hamburguesas en el planeta para saciarnos hasta que vayamos de parto.

Correcta: c. A pesar de que pudiera no parecerlo, el estilo de vida y la alimentación que sigamos antes de la concepción de nuestra futura joyita de la casa han demostrado ser de vital importancia para que la gestación llegue al mejor de sus finales. Si estáis pensando en quedaros embarazados, es buen momento para que os replanteéis algunos aspectos de vuestra salud. Si vais algo sobrados de peso, este puede ser un buen punto de inflexión para intentar normalizar el Índice de Masa Corporal (IMC). Acomodad vuestro estilo de vida lo más saludablemente posible: comed de manera adecuada, haced ejercicio con regularidad y revisad vuestro estado vacunal (esto es un spoiler). Si os veis incapaces de hacerlo por vosotros mismos, pedid consejo a vuestro médico, ginecólogo y/o a un dietista nutricionista. Entre todos lo conseguiréis. Iniciar el embarazo en el mejor estado de salud posible es una de las garantías de que el resultado final sea el óptimo.

Se debe cuidar especialmente la salud de la futura madre previa al embarazo. Contribuirán a eso también un control adecuado de enfermedades crónicas (como la diabetes o el hipotiroidismo) y la realización de un nivel de ejercicio adecuado, que será de ayuda para mantener el peso corporal en los márgenes de la normalidad y puede ser eficaz para mantener esas patologías a raya. No dejes ninguna medicación que pudieras estar tomando sin antes consultarlo con un profesional; posiblemente alguna se deba ajustar, pero será el especialista que te la ha prescrito quien te indique cómo seguir a partir de ahora y en los meses venideros.

Un buen estado nutricional y una dieta equilibrada previos a la concepción contribuyen a una salud materna óptima para un desarrollo fetal en las mejores condiciones desde el primer momento del embarazo. Una dieta saludable, tal y como se recomienda en la población general, debería ser suficiente para cubrir las necesidades en un estadio precoz del embarazo. Sin embargo, a eso debemos unir algunos nutrientes esenciales y la abstención de algunos factores de riesgo como pueden ser la ingesta de alcohol o el tabaquismo.

La obesidad de la gestante es un problema capaz de acarrear otros problemas para la salud de la madre y del bebé tales como alteraciones en la tolerancia a la glucosa y diabetes gestacional, hipertensión, aborto espontáneo, nacimientos pretérmino y preeclampsia (la fase previa a la temida hipertensión del embarazo). Las gestantes obesas suelen tener más complicaciones en el momento del parto y sus bebés están más predispuestos a presentar anomalías congénitas, fracturas de clavícula, macrosomía (recién nacidos excesivamente grandotes) y posterior obesidad. Es posible que una reducción de peso de la madre previa a la concepción pueda evitar todas esas complicaciones.

Lo de pasarse con las cervezas nunca debería ser adecuado, pero en estas circunstancias menos, teniendo en cuenta que la cantidad de alcohol que, una vez embarazada, vas a poder tomar está entre cero y cero.

2. ¿Debería tomarme alguna vitamina a partir de ya?
  a. Seguro que sí, lo consultaré.
  b. Los polivitamínicos esos que anuncian en la tele nunca están de más.
  c. Posiblemente no, ya tomaré bastantes durante el embarazo.
  d. Comiendo saludable no me hacen falta. En el momento de quedarme embarazada preguntaré.

Correcta: a. ¡En efecto! Lo mejor es que lo consultes porque lo más probable es que te recomienden tomar ácido fólico. El ácido fólico es necesario para la división celular y juega un papel importante en la prevención de defectos del tubo neural. El efecto protector del ácido fólico frente a esas patologías está sobradamente demostrado. Los defectos del tubo neural son malformaciones congénitas que resultan del fallo de su cierre durante la embriogénesis entre los días 21 y 28 después de la concepción, es decir, muy pronto. Es por ello de suma importancia que toda mujer en edad reproductiva tenga una ingesta adecuada de folatos. Las recomendaciones actuales apuntan como adecuado un suplemento de 400 µg/día de ácido fólico desde un mes antes de la concepción hasta las 12 semanas de embarazo. Recuérdalo, que igual sale en alguna que otra pregunta.

Otro nutriente importante que la madre debe tener en cuenta es el yodo. Su papel en las hormonas tiroideas es fundamental para el buen desarrollo del embarazo y para el correcto funcionamiento del desarrollo hormonal fetal. Al principio del embarazo, el tiroides materno genera un exceso de hormonas para cubrir las demandas fetales hasta que alrededor de las 12 semanas de gestación el tiroides fetal genera su propia hormona con la incorporación transplacentaria de yodo materno. Por este motivo sus requerimientos están aumentados durante el embarazo.

Ya ves, por más saludable que sea tu dieta, debes suplementarte con esa vitamina (B_9 o ácido fólico) para prevenir posibles deficiencias. Algunos expertos consideran que tú, papá, también deberías tomarlo ya que los espermatozoides tienen su pequeña caja de memoria y son capaces de transmitírsela al embrión.

Por supuesto, no debes tomar ningún complejo multivitamínico por más que lo recomienden en la televisión o lo veas anunciado como «bueno para tu futuro embarazo»; ten en cuenta que un exceso de algún tipo de vitaminas podría ser incluso contraproducente.

3. En casa somos veganos estrictos, ¿tengo que ir pensando en comer algo de carne o pescado?

    a. Está claro que sí, necesitas hierro, proteínas y ácidos grasos esenciales que solo encontrarás en los animales.

    b. Con alguna que otra modificación podrás seguir sin tomar alimentos de origen animal.

    c. Tomando un solomillo a la semana y dos arenques cubres las necesidades sobradamente.

    d. Con tomar lácticos vas sobrada...

Correcta: b. No serían necesarias demasiadas explicaciones porque la respuesta a la cuestión está clara. Ajustándonos a lo que dice la Academia Americana de Nutrición y Dietética, la más relevante del mundo, «la alimentación vegetariana es adecuada para cualquier circunstancia de la vida, lo que incluye el embarazo y la lactancia». Por tanto, no le des más vueltas y haz caso omiso a los que te digan que no es compatible, porque los que están equivocados son ellos. No hay más preguntas, señoría.

Es posible que debas/debáis hacer algún que otro ajuste en tu/vuestra alimentación; empezad a tomar los suplementos que os recomienden y, por supuesto, seguid con la vitamina B_{12}. A lo mejor, y dependiendo de las circunstancias, la cantidad a tomar deba ser modificada. Es posible también que algunos de los suplementos que te recomienden contengan una pequeña cantidad de esa vitamina, no por ello debes abandonar tus correspondientes dosis.

Durante el embarazo, los requerimientos de hierro se ven aumentados; muchas de las fuentes alimentarias de ese elemento son de origen animal, pero eso no descarta que siguiendo una alimentación estrictamente basada en plantas no los puedas cubrir. Los vegetales de hoja verde, las espinacas, algunas legumbres y los cereales enriquecidos son buenas fuentes de hierro. Conseguirás aumentar su absorción si además los tomas junto a fuentes de vitamina C. ¿Qué tal una ensalada de espinacas baby con fresas? ¡Riquísima!

Deberás tomar tres porciones de lácticos al día, y en el caso de que no seas amante de la leche de vaca, podrás obtenerlas de la bebida vegetal de soja enriquecida con calcio y de sus derivados. No hay ninguna otra bebida vegetal que cumpla los requerimientos necesarios.

No es difícil, pero hay que hacerlo bien.

4. **¿Tengo que revisar mi carnet de vacunas antes de plantearme un embarazo?**
    a. Mi pediatra me las puso todas y alguna más me han puesto. No es necesario.
    b. Con la de vacunas que le pondrán a mi pequeñín solo faltaría que me tenga que preocupar de las mías.
    c. Ni antes ni durante el embarazo es conveniente administrar ninguna vacuna.
    d. Sí, siempre se debe revisar.

Correcta: d. Debo reconocerlo, soy un apasionado de las vacunas, así que no os extrañéis si el tema sale de manera reiterada. Las vacunas son uno de los hitos más importantes de la ciencia, hasta el punto de que la Organización Mundial de la Salud (OMS) las define como la acción que ha conseguido salvar más vidas humanas, únicamente detrás de la potabilización de las aguas. La vacunación contra enfermedades inmunoprevenibles es tremendamente importante para los niños y los adolescentes, tanto a nivel individual como a nivel de protección de grupo (la mal llamada «inmunidad de rebaño»), pero lo son también para los adultos, con especial relevancia en las personas mayores y en las mujeres embarazadas.

Dentro de eso que denominamos «llevar un estilo de vida saludable» deberíamos incluir siempre la valoración de nuestro estado vacunal en cada una de las etapas de la vida. Recuérdalo, saldrá más de una vez en el examen.

Algunas enfermedades infecciosas y para las que tenemos vacunas pueden pasar al feto y producirle alteraciones. Si eres inmune a ellas, se lo evitarás. Además, tu propia protección (tus anticuerpos) se la traspasas por medio de la placenta, y esas defensas le duran los primeros meses de vida, protegiéndolo hasta que lo vacunes. Estoy haciendo referencia a vacunas frente a la hepatitis B, rubéola, sarampión y parotiditis. Teniendo en cuenta que esas tres últimas —que en nuestro país se administran juntas en la denominada «triple vírica»— no deberían ser aplicadas dentro de los 30 días previos a la concepción, la cuestión se hace extensiva a cualquier mujer en edad fértil. Hablaremos más adelante del tema de la vacunación en la embarazada, pero de momento quédate con que debes estar al día de esas cuatro.

Sale en el examen fijo.

3

Embarazada. Antes de tener el bebé

¡Felicidades! Parece que todo ha funcionado, la prueba de embarazo se ha coloreado allí donde debía, las visitas a Ginecología lo han confirmado y la (presunta) alegría de la casa está en camino. Esta es una etapa de la vida en la que es preciso aunar paciencia, sensatez, ilusión y cordura en su justa medida y en la que no se puede descartar que aparezcan nervios, ansiedad, desencuentros o inseguridad. No os preocupéis, pasa en las mejores familias y no dudéis en pedir asesoramiento a un profesional si os veis en la tesitura de hacerlo. Algunas cosas cambiarán, ánimo, pero nada parecido a lo que será después, porque deberéis modificar rutinas y costumbres para adecuarlas a la nueva situación, más ánimo, y empezad a acostumbraros a un nuevo estilo de vida, distinto pero en absoluto menos satisfactorio.

Empecemos por repasar algunas de esas «cosillas» que pueden ser distintas a lo que habéis estado haciendo hasta ahora.

1. En referencia a la alimentación de la embarazada, ¿deberían introducirse algunas variaciones en especial?
   a. Cualquier tipo de alimentación debería mantenerse igual para no alterar el metabolismo de la embarazada.
   b. Si la alimentación es saludable, puede mantenerse igual, aunque no está de más que sea supervisada.
   c. Se debería aumentar siempre el consumo de vegetales.

d. Incrementar la proporción de embutidos favorece la formación de sangre y evita la anemia.

Correcta: b. Si la alimentación que se ha seguido hasta ese momento se considera saludable, no hay ningún motivo en particular para variarla. De todas formas, pedir consejo a vuestro ginecólogo o médico de familia para que os la supervise no está de más. No sería la primera vez que alguien, convencido de que come de la mejor manera del mundo, se lleva un disgusto cuando se le hace una supervisión a su dieta. El embarazo es un buen momento para hacer un cambio de hábitos a mejor, y no solo para la embarazada, pues toda la familia puede abocarse a un estilo de vida más saludable. Evidentemente, será positivo para cada uno de ellos y, a la vez, servirá de apoyo a la gestante.

El metabolismo de la embarazada se ve modificado sustancialmente por los cambios que la nueva situación motiva en su cuerpo, es normal y bueno que se modifique para estar preparado en todo momento para cubrir los requerimientos del futuro bebé sin mermar los suyos.

Siempre que no haya la indicación expresa de un profesional, si la alimentación es la adecuada no es necesario incrementar el consumo de ningún alimento en particular, aunque es, como hemos dicho, momento de revisar si estamos haciéndolo de forma adecuada y si la cantidad de alimentos de origen vegetal que tomamos es la correcta.

En general, la ingesta de embutidos durante el embarazo está contraindicada (¡oooooh!); es por el riesgo de padecer toxoplasmosis y listeriosis, dos infecciones que en un adulto pueden pasar de forma desapercibida, pero que en la embarazada son capaces de atravesar la placenta causando la infección del feto y dejándole graves secuelas de por vida.

Frente a eso, de momento, no hay vacuna. Tampoco es recomendable comer quesos frescos por el peligro que conlleva que pudieran estar contaminados. Consulta con tu profesional de referencia cuáles son los tipos de embutidos que podrías comer y no olvides que la mayoría de ellos tienen un contenido de sal excesivo, otro motivo por el cual no son de lo mejorcito.

Consejo para la futura mamá: intenta evitar los embutidos y similares. Y para el futuro papá: no los escondas en cualquier rincón de la casa porque te los van a descubrir y en las reuniones de preparación al parto vas a quedar fatal: «Me llamo Paco[1] y sí, escondo los embutidos para comérmelos a hurtadillas». Está claro que la prevención de la anemia no se adquiere con la ingesta de esos productos.

La actividad física es un factor determinante del bienestar de la madre y para el mantenimiento del peso adecuado. Sería recomendable hacer aproximadamente 150 minutos de actividad aeróbica moderada durante la semana. No seas perezosa, desde el momento en que tengas a tu bebé tu actividad física aumentará considerablemente. Vete preparando.

2. Seguimos con los temas de la alimentación. Esta es fácil: ¿debe la embarazada comer por dos?
   a. Está claro que sí: 1 gestante + 1 futuro bebé = 2. Las matemáticas no engañan.

---

1. Paco va a ser el nombre genérico de nuestro afortunado futuro papá. No me preguntéis el porqué.

    b. Debe controlar extremadamente las calorías que ingiere, cualquier aumento de peso en el embarazo es un problema serio.

    c. Existen fórmulas matemáticas infalibles para saber en cada momento lo que debes comer. Ajustándote a ellas no hay problema.

    d. Es posible que tu propio organismo te dé las señales necesarias sobre la cantidad que debes comer. Hazles caso.

Correcta: d. Partamos de la base de que estás comiendo de manera adecuada (de no ser así, vuelve a la casilla de salida: pregunta 1). Durante el primer trimestre no es necesario que aumentes la cantidad de calorías, el organismo se va adaptando, pero los requerimientos calóricos no aumentan, posiblemente no tendrás más sensación de hambre, es lo normal. Sí que será conveniente que incluyas en tu dieta algunos alimentos en particular ya que los micronutrientes que te aportan son de gran interés; me refiero a cereales integrales, frutas, verduras, hortalizas y legumbres. Su aporte de vitaminas es considerable y necesario, y su fibra te ayudará con uno de los problemas del embarazo (alerta de spoiler), el estreñimiento. ¿No lo sabías? Pues sí.

El pescado y el aceite de oliva te aportarán los ácidos grasos esenciales, indispensables para el correcto desarrollo del sistema nervioso de tu bebé. Entrado el segundo trimestre es cuando las necesidades calóricas aumentan y es posible que en esa época sientas más sensación de hambre. Sigue las pistas que tu propio cuerpo te da.

Queda claro, por lo expuesto, que lo de comer por dos es un mito que se debe abandonar. Forzar a comer a una embarazada con ese pretexto es tan abominable como forzar a comer a un niño, con el riesgo añadido de que la gestante se vea impulsada a hacerlo por la responsabilidad de velar por su futuro bebé. No es necesario comer por dos, ni tan solo por uno y medio. Debes comer siguiendo la sensación de hambre que tengas y dejándote aconsejar por un experto sobre qué es lo que debes o no tomar. Descartamos los términos «abuela», «suegra» y «cuñada» como personas versadas en estos temas.

La ganancia de peso durante el embarazo es normal, no tanto por lo que pueda pesar la futura criatura, que al principio es mínimo, como por las modificaciones que sufre tu cuerpo ante esta nueva situación. Tendrás cambios anatómicos y hormonales que te predispongan a ello, un aumento del tamaño de las mamas y del útero, la generación de la placenta y un incremento de la grasa corporal que serán las reservas de alimento del feto e incluso de la lactancia. Todo ello comportará que a partir del segundo trimestre del embarazo veas cómo la curva de peso se va incrementando (que no disparando) y tu matrona o ginecólogo serán los encargados de verificar que eso discurra por el cauce de la normalidad. No hay, por tanto, ninguna fórmula matemática a la que ceñirse; es todo, posiblemente, mucho más fácil que eso.

3. Como estoy alimentándome tan bien, ¿es necesario que tome alguna vitamina o suplemento?
   a. Sí, es imprescindible alguna suplementación.
   b. Si me alimento tan bien, ¿*pa* qué?
   c. Siempre ayuda tomar algún multivitamínico de manera intermitente.
   d. El que me recomiende mi cuñada, que tiene seis hijos y cero problemas.

Correcta: a. A pesar de seguir una alimentación bien reglada (algo que en este punto del texto ya no vamos a poner en duda), es posible que durante la gestación no se lleguen a cubrir los requerimientos de la embarazada y del feto, por ello es estrictamente necesario siempre y de manera inexcusable —obsérvese la redundancia hiperbólica— tomar suplementos de algunos principios inmediatos, recomendables incluso desde antes de la concepción (ver cap. 2). Es básico tomar 400 µg/día de ácido fólico las primeras 12 semanas de la gestación, e incluso prolongarlo más allá si existe algún riesgo nutricional. Esta vitamina previene los defectos en el tubo neural (espina bífida) de tu hijo, así como el parto prematuro. Las verduras de hoja verde, las legumbres y algunas frutas son ricas en ese micronutriente, por lo que no está de más que aumentes su consumo, pero ello no evita que debas tomar el suplemento.

El yodo es indispensable en la formación de hormonas tiroideas, necesarias para el correcto desarrollo cerebral y mental, así como en la maduración ósea, pulmonar y cardiaca a lo largo de la vida del feto y del recién nacido. El feto depende del aporte de hormonas tiroideas maternas, siendo la etapa más crítica del desarrollo cerebral las primeras 12 semanas; por tanto, es recomendable también valorar la posibilidad de la ingesta de yodo. Recordemos que siempre debemos tomar sal yodada, y en el embarazo, además de eso, se deben cubrir las necesidades con tres raciones de alimentos ricos en ese elemento, habitualmente suelen ser lácticos, aunque no necesariamente. De no alcanzarse ese mínimo se debería suplementar también.

El calcio y el hierro no se recomiendan si la dieta es adecuada, pero ante la mínima posibilidad de que pudieran ser deficitarios habría que tomarlos en forma de suplemento.

Durante el embarazo, el calcio es necesario para el desarrollo de los dientes, huesos, corazón, nervios y músculos del bebé. Si la embarazada no consume suficiente calcio, este se extrae directamente de sus propios huesos para ofrecérselo al bebé. Ve acostumbrándote, esto (lo de que tu hijo te extraiga cosillas varias) va a ser así los próximos 38 años… Es importante consumir diariamente cantidades adecuadas de calcio antes, durante y después del embarazo. Obtener la cantidad recomendada durante el embarazo significa tomar al menos tres porciones diarias de alimentos ricos en calcio, como leche, yogur o queso.

Algunas vitaminas como la A y la D no se recomiendan salvo que se haya documentado su carencia ya que se pueden acumular en el organismo y su exceso podría ser perjudicial para la madre y para el bebé.

La absorción del calcio se ve incrementada durante el embarazo en casi un 40 %; salvo que tu ingesta de ese mineral sea muy pobre, no necesitarás tampoco tomarlo de manera adicional.

Por todo ello, suplementos sí, pero no sirve tomar cualquier complemento alimentario ni multivitamínico ya que el objetivo es aportar aquello que pueda ser necesario evitando lo que no lo es. Teniendo en cuenta que cada gestante puede partir de una situación basal distinta y de que los requerimientos de cada una de ellas pueden no ser los mismos, no es recomendable emplear suplementos con múltiples micronutrientes o multivitamínicos, especialmente si no ha sido un profesional el que los ha recomendado.

Te recomendarán suplementos seguro, pero en caso de no ser así, mejor consulta con tu equipo de ginecología en lugar de hacer un aprovechamiento de esas cápsulas que le sobraron a tu cuñada de su último embarazo.

4. ¿Debo tener la habitación de mi retoño preparada e impoluta para cuando vuelva del hospital?

   a. No es necesario, durante los días de mi estancia en el hospital la suegra lo hará.

   b. Pues no, tampoco va a dormir ahí...

   c. ¡Claro! A ver si cuando volvamos a casa va a tener que dormir en el trastero.

   d. ¡Ah! ¿Los niños tienen habitación aparte?

Correcta: b. Pese a las controversias y/o divergencias que se puedan suscitar, lo habitual debería ser que los recién nacidos durmiesen en la habitación de sus padres las primeras semanas o meses después del parto, en su propia cuna o haciendo colecho, que no debería practicarse hasta que el bebé tenga 4 meses de vida (hablaremos de esto en próximos capítulos). Es más cómodo para los padres, en especial para que la mamá lo amamante, más seguro para el bebé (se ha demostrado que dormir en la habitación de los papás puede reducir el síndrome de la muerte súbita del lactante en un 50 %), le ofrece un sentido de protección al saber que sus demandas se pueden cumplir sin demora y es más práctico para todos. Por todo ello, la Asociación Americana de Pediatría recomienda que los bebés duerman en la habitación de los padres durante los primeros 6 meses y mejor si lo hacen durante el primer año de vida.

Que igual que os digo esto os digo que tampoco hay una edad máxima en la que los niños pueden permanecer en esa habitación. A partir de ahí ya cualquiera es libre de hacer lo que le parezca y, una vez llegado el momento, podría ser una decisión pactada y compartida entre toda la familia.

Así que puedes dejar a tu suegra[2] tranquila en este aspecto y abusa de ella (siempre que se te ofrezca) para cualquier otra cosa...

5. Tendré que comprar una cuna. ¿Alguna recomendación?
   a. Pues sí, no todas son iguales.
   b. Pues no, mientras no me salga un grandullón y quepa en ella, cualquiera sirve.
   c. Pues comodín de la suegra.[3]
   d. Pues la más cuqui valdrá.

Correcta: a. Pues no, ni todas las cunas son iguales ni todas ofrecen el mismo grado de seguridad que, en primera instancia, es lo que iremos a buscar. Las cunas más monas (cuquis) pueden llegar a ser tremendamente caras y no por ello nos garantizan unos estándares de seguridad adecuados. La cuna o moisés, portátil o no, debe tener un mínimo de características que los hagan aptos para el bebé. En primer lugar, el tamaño debe ser más o menos concordante con el del pequeño; si es extremadamente pequeña, va a tener una duración limitada, y si es muy grande, tampoco será la más adecuada. La superficie sobre la que descanse el bebé debe ser firme, tanto por la base de la propia cuna como por el colchón que le pongamos, que debe ajustar completamente con la estructura. Las sábanas deben ajustarse al colchón para evitar que se hagan embrollos, así que lo pertinente es que hayan sido diseñadas específicamente para ese colchón,

---

2. Por la presente, nos declaramos fervientes admiradores de las suegras y, por tanto, defensores de sus derechos.

3. Léase el pliego de descargos de la pregunta anterior.

y si son de un material que no suelte pelusas, mejor que mejor. ¡Ah!, y en la cuna no debe haber nada más que el bebé, lo que significa que no, no habrá almohada de ningún tipo en esa cuna. Cuna, colchón, sábanas y bebé. Menos es más.

6. A ver... ¿No íbamos a hablar del colecho? Que levante la mano quien sepa lo que es.

a. Meter leche en el lecho.

b. Dormir los papás y el bebé juntos.

c. Dormir los papás y el bebé en la misma habitación.

d. No pegar ojo en meses.

Correcta: b. Ni leche ni lecho; se trata de que los bebés duerman junto a sus padres, una tradición ancestral que en muchas culturas se sigue llevando a la práctica y que en la occidental se perdió hace años, pero que poco a poco se va retomando.

El colecho consiste en que los papás durmáis en la misma cama que vuestro bebé; no es ni mejor ni peor que el sistema tradicional, pero, como veremos, tiene sus ventajas y sus inconvenientes. Vaya por delante que tanto la Asociación Española de Pediatría como la Asociación Americana de Pediatría recomiendan que los bebés estén en la misma habitación que sus padres los primeros meses de vida, como mínimo los seis primeros.

Hay otro detalle importante a tener en cuenta, y es que se puede practicar colecho con unas cunas específicas para ello, convenientemente homologadas, que se adosan a la cama de los padres, pero también se puede practicar poniendo al bebé directamente en esa cama. Esta modalidad en principio estaría desaconsejada por los problemas de seguridad que puede conllevar.

Sentadas estas bases, vamos a ver cuáles son los pros y los contras de esta práctica y los aspectos relativos a su seguridad, que son, como siempre, los más importantes.

Ventajas: probablemente una de las principales sea el vínculo emocional que se establece entre los padres y el bebé al compartir el mismo espacio a la hora de dormir. Por otro lado, favorece la lactancia materna, factor que a su vez actúa de prevención contra la temida muerte súbita del lactante. Y, en ocasiones, dependiendo del carácter de los papás y del pequeño, va a haber una mejor calidad del sueño en general.

Inconvenientes: al igual que decimos que dependiendo de la forma de ser de los padres y el bebé la calidad del sueño será mejor, también decimos que esta puede ser peor en algunas circunstancias. Y al igual que decimos que puede incrementar el vínculo afectivo entre los miembros de la familia, también hay que tener en cuenta que los papás que se deciden por esta modalidad ya suelen estar especialmente sensibilizados con el tema.

Total, que no hay quien se aclare. Si optáis por llevarlo a la práctica, hacedlo después de haber meditado la decisión con serenidad. Probablemente eso sea lo que más valor añadido le confiere.

En cuanto a los aspectos de seguridad, el Grupo de Trabajo de Muerte Súbita Infantil de la Asociación Española de Pediatría resalta que es muy importante que los padres que estéis dispuestos a practicarlo seáis conocedores de ciertas circunstancias que pueden acarrear un riesgo. En primer lugar, afirman que la forma más segura de dormir para los menores de 6 meses es en su cuna, boca arriba y cerca de la cama de sus padres. Por tanto, desaconsejan el colecho en las siguientes circunstancias en las que podría aumentar el riesgo del síndrome de la muerte súbita del lactante:

1. Lactantes menores de 3 meses.
2. Prematuros y bebés con bajo peso al nacer.
3. Padres que consuman tabaco, alcohol, drogas o fármacos sedantes.
4. Situaciones de cansancio extremo.
5. Colecho practicado sobre superficies blandas.
6. Compartir la cama con otros niños o múltiples personas.

A lo que íbamos: si os apetece hacerlo, si lo tenéis claro, si habéis repasado las normas de seguridad varias veces y estáis seguros de no saltároslas y le habéis echado el ojito a la cama de colecho perfecta, adelante, no hay motivo para no hacerlo. Siempre se está a tiempo de revertir la situación. Si alguna de las premisas anteriores no se cumple, mi humilde consejo es no intentarlo.

7. ¿Qué hay de la famosa canastilla del recién nacido?
   a. Un mito, sin más.
   b. Muy práctica, sin duda.
   c. Debe estar cuidadosamente preparada.
   d. Podría ser útil, pero no es imprescindible.

Correctas: a, b, c y d. Aquí os he pillado, ¡ja, ja, ja! Estabais advertidos: no en todas las preguntas va a haber una única respuesta válida, aunque para vuestra tranquilidad os diré que son la excepción. Vayamos por partes. Lo primero va a ser definir qué es lo que entendemos por la «canastilla del recién nacido». Debo reconocer que así, de buenas a primeras, me suena a término «viejuno», pero parece ser que se ha establecido en el ideario popular, especialmente en las viviendas con embarazadas a punto de caramelo. Definamos, pues, de forma subjetiva, esa canastilla como el conjunto de elementos que conviene tener a mano cuando tenemos un recién nacido para evitarnos idas y venidas constantes a la habitación. Como eso se suele depositar en un contenedor común, hemos convenido denominarle «canastilla», ya que antaño no era mucho más que eso, una cesta de mimbre que, con el paso de los años y la inestimable colaboración de la industria de productos dedicados a los bebés, se ha ido sofisticando en materiales de fabricación, decoración, aplicaciones, separadores, asideros y diversas lindezas más. Pero vaya, lo metas donde lo metas, lo que nos interesa es saber qué es lo que forma parte del contenido.

En referencia a la ropa, es conveniente tener a mano ropa interior, bien sean bodis o prendas de dos piezas. No entiendo demasiado la extraña manía que tienen los fabricantes de prendas infantiles en hacer esos bodis como diseñados por el enemigo. A menudo llevan una cantidad de cierres y cruces de ropa de difícil entendimiento para la mente de la mayoría de los humanos. Presta atención a eso, es una bobada, pero tiene su punto práctico. Lo mismo te aconsejo para la ropa que le pongas sobre esas prendas. En cualquier caso, es preferible que toda ella sea de algodón o similar, evitando fibras sintéticas, y procura haberlas lavado con un detergente neutro, que en ningún caso es necesario que sea para bebés, y haberles retirado las etiquetas. Date cuenta también de que con alguna de ellas podrías hacer una sábana para la cuna y con lo que sobra, unos calzoncillos para Paco. Te servirá también, dependiendo de la época del año, tener a mano unos calcetines, un gorro y una mantita o arrullo, para protegerlo del frío. Añádele a todo eso algunos baberos y ya lo tendrías listo. Dentro del tema «ropa» incluiremos los pañales, tan caros como necesarios. Puedes reducir gastos y ponerle tu punto de ecologismo al tema si empleas pañales de tela reutilizables, aunque al precio que está la energía eléctrica tampoco tengo claro que sea una opción realmente económica (o ecológica). Con respecto a la higiene del bebé, te será útil tener a mano un cambiador y toallitas húmedas. Todo lo demás será más práctico tenerlo en el baño.

Cosas que te recomiendan con frecuencia y que no son necesarias, incluso podrían ser contraproducentes:

- Colonia.
- Crema para cada cambio de pañal.
- Ropas específicas para cada situación o sofisticadas.
- Zapatos (zapatitos).
- Manoplas.
- Sonajeros.
- Chupete (más adelante lo vemos) y/o portachupete.
- Peluches o cualquier juguete.
- Diversos peines. Con un cepillo blando valdría.
- Humidificador (inclúyelo entre las cosas que pueden ser contraproducentes).

Así que cualquiera de las respuestas a la pregunta podemos considerarla válida: es un mito en su versión más purista, pero es práctica, especialmente si la preparamos de manera adecuada, aunque, como casi todo, podría ser prescindible.

En referencia a lo que debes llevarte al hospital para las primeras horas de vida del bebé, lo mejor es que lo consultes con el propio centro o con tu ginecólogo, porque las condiciones pueden ser particulares en cada maternidad.

8. ¿Le compro ya el cochecito?
 a. Mejor no comprarlo hasta ver el tamaño del bebé.
 b. Pues sí, una preocupación menos.
 c. Me lo regalan en el súper por la compra de 1.000 pañales.
 d. No es necesario.

Correcta: b. Lo sé, no es imprescindible porque tal vez estés dispuesta a hacer porteo y (la mayor parte de las veces) no lo necesites, pero ten en cuenta que, a medida que se haga mayor, es posible que no siempre seas tú la que saque a pasear al bebé y que a lo mejor quien lo haga no pueda o no esté dispuesto a hacer ese tipo de transporte. Para los neófitos, el porteo es esa forma de trasladar al bebé colgado de una mochila o de una badana convenientemente doblada y anudada que mantiene el contacto continuo entre quien lo transporta y el pequeño y que asegura una postura adecuada tanto para el adulto como para el menor. Debe, por tanto, tener unas condiciones de ergonomía imprescindibles. A este sistema de transporte se le han atribuido muchas ventajas, como un aumento del contacto afectivo entre porteador y porteado, una mayor sensación de tranquilidad y de seguridad para el bebé y un incremento del apego seguro, así como unos beneficios puramente físicos como son la disminución de la plagocefalia postural (el hecho de que a los bebés se les aplane una parte de la cabeza por estar siempre tumbados, lo veremos más adelante) y proteger el desarrollo de la espalda y de las caderas. El porteador también obtiene beneficios ya que mejora su higiene postural, le facilita los movimientos y la autonomía y, en el caso de la madre, simplifica la lactancia materna. Pero, insisto, el día que le pidas a la tita Puri, de 72 años y con una artrosis avanzada, que te saque a pasear al bebé y no le ofrezcas más que el portabebés ergonómico, a lo mejor se te complica el tema.

Si tienes en consideración ese hecho o, simplemente, no te planteas la alternativa del porteo, comprar el cochecito antes de que nazca el peque es una buena opción. Una tarea menos que tendrás en el posparto y, a no ser que tu criaturita sea una maravilla de la naturaleza, algo que se habría detectado en las ecografías, va a caber en cualquier cochecito, pese lo que pese y mida lo que mida.

Hay cientos de tipos de cochecitos adaptados a múltiples necesidades y con una gran variedad de precios, algo muy a tener en cuenta. Antes de comprarlo, repasa las siguientes consideraciones:

- Lo principal es que esté homologado y que cumpla con la normativa vigente.
- Fíjate que sea apto para ser transportado en el coche.
- Imprescindible que tenga freno.
- Procura que no sea demasiado aparatoso, por el espacio que te ocupará en casa y porque será menos maniobrable cuando lo manejes.
- No lo compres excesivamente sofisticado ni con una serie de accesorios. La mayoría de esos añadidos son poco útiles. A fin de cuentas, estás comprando un carro para pasear a tu bebé, no el Ferrari de tu vida.
- A las pocas semanas de salir a pasear empezarás a poner al bebé en una posición más incorporada cada vez

más veces, para que tenga contacto con el mundo que le rodea. Tenlo en mente.

- Lo habitual es que, pasados los primeros meses, cambies ese primer cochecito por otro más liviano, manejable y extremadamente plegable, así que valora el hecho de que su vida media va a ser más bien corta.
- Es posible que ese primer cochecito se pueda convertir en ese segundo mucho más ligero, en una sillita para estar en casa o en un sistema de transporte para el coche. Valóralo en su justa medida, puede que te resulte conveniente o no.
- Respecto al protector plástico para los días de lluvia, es más práctico comprarlo junto con el cochecito y que se adapte a la perfección que andar buscando cualquier chapuza después. A fin de cuentas, un buen paseo bajo la lluvia, debidamente protegidos, también es un regalo para los sentidos.
- A no ser que tengas todas las garantías, no aceptes cochecitos de segunda mano. Nadie te garantiza que algún manitas no lo haya intentado tunear y se haya cargado algún componente o algún sistema imprescindible para su seguridad. Lo mismo te digo respecto a los obsequios promocionales.
- Antes de decidirte, hazlo rodar por la tienda y comprueba que gira con suavidad.
- *Extra point*: que tenga un buen portaobjetos y cuanto más grande, mejor. Ahí vas a llevar la compra diaria, el paraguas cuando deje de llover y la basura antes de pasar por el contenedor. ¿Que no? Al tiempo…

9. ¿Y sobre lo de tomar una copita de alcohol de vez en cuando en el embarazo?

a. Está claro que si únicamente es de vez en cuando no puede ser malo.

b. Mejor no restringir la ingesta habitual para que el cuerpo no se resienta.

c. La cantidad de alcohol recomendada durante el embarazo es ninguna.

d. Si es bueno para mí, lo será para mi futuro bebé, ¿no?

Correcta: c. Lo hemos apuntado anteriormente, pero no está de más insistir. La cantidad de alcohol tolerable en el embarazo es cero. Cero patatero. Sin discusión alguna. Olvídate de lo que puedas oír al respecto, incluso de algunas recomendaciones hechas con la mejor de las intenciones (en algunos foros se recomiendan las cervezas sin alcohol por su contenido en ácido fólico). No hay ninguna cantidad de alcohol segura durante el embarazo, ni hay ningún momento del embarazo seguro para tomarlo. Y ten en cuenta que cuando hablamos de alcohol estamos haciendo referencia a cualquier bebida que lo pueda contener, lo que incluye la cerveza, el vino y otras catalogadas como de baja graduación. La razón es que el alcohol que la futura mamá ingiere pasa directamente al feto a través del cordón umbilical. Los daños que este puede producir en el bebé son graves y pueden durar toda la vida, causando el denominado trastorno del espectro alcohólico fetal (TEAF) o síndrome alcohólico fetal (SAF), que incluyen alteraciones en la evolución y la duración del parto, malformaciones congénitas del bebé en el corazón, el cerebro, los riñones y otros órganos importantes, deformidades físicas, especialmente en la cara y en la cabeza, trastornos en la conducta y por déficit de atención, dificultades en la concentración y en el aprendizaje, y una extensa lista de cosas malas. Añádele a eso que cualquier cantidad de alcohol, por pequeña que sea, tiene la capacidad de producir esos daños, sumado a que no sabemos si hay algún momento de la gestación que esté libre de esa agresión, y tendrás el porqué de esta tajante recomendación. Debería ser fácil poder aplicar una norma de seguridad tan establecida para un conjunto de patologías tan severas y duraderas.

Para acabar, un recuerdo sobre las cervezas sin alcohol y las 0,0. Las primeras contienen menor cantidad de alcohol (según la normativa, por debajo del 1 %), pero ahí está. Las 0,0 no deberían tener nada, pero lo cierto es que algunas contienen una mínima cantidad. En caso de no poder resistir la tentación de tomarte una birrita una tarde de domingo una vez al mes, las 0,0 serían las adecuadas, que no recomendables. Quiero añadir que si cocinas con alcohol (ese vinito rancio que se le añade a los potajes o ese brandi que ensalza el sabor de las legumbres), este no se evapora totalmente, ni mucho menos, así que tú y tu bebé lo estaréis absorbiendo de forma inaparente. Como dice mi querida amiga María José Mas, excelente neuropediatra, la mejor prevención es la abstinencia. Creo que no hace demasiada falta aclarar las respuestas que no son ciertas...

10. Vaaale, ha quedado claro, nada de alcohol. Pero ¿qué hay del tabaco?[4]

    a. Pues como el alcohol: cuanto menos, mejor, y si es nada, ideal.

    b. Debería mantener el mismo ritmo. No es momento de someter a mis pulmones a cambios adaptativos.

4. Donde digo tabaco, digo cualquier otra sustancia tóxica de inhalar, esnifar, saborear y/o meterse por cualquier vía.

    c. Una forma fácil de dejarlo es frecuentar ambientes con humo para no disminuir los niveles de nicotina de golpe.

    d. No hay nada escrito sobre la relación entre el tabaco y el embarazo.

Correcta: a. Son múltiples los estudios que relacionan el efecto nocivo que tiene el tabaco durante el embarazo. No es cosa mía, ¡eh! El hecho de que la madre fume se ha vinculado con patologías del recién nacido, de la placenta e incluso con enfermedades a largo plazo del bebé; de todas ellas destacamos el aborto espontáneo, el bajo peso al nacer, una disminución del perímetro craneal o la predisposición al asma infantil.

Al igual que sucede con el alcohol, el embarazo es un buen momento para hacer el esfuerzo de dejar definitivamente el hábito tabáquico, por tu salud, por la de tu futuro bebé y porque también está demostrado que el hecho de que alguno de los progenitores sea fumador induce al tabaquismo en sus hijos, lo que cierra un círculo de un mal hábito que deberíamos evitar.

La exposición al tabaco no es únicamente nociva por su efecto directo, sino que la inhalación de su humo como fumadora pasiva e incluso la permanencia en lugares donde previamente se ha fumado y/o se fuma con frecuencia (el denominado «tabaco de tercera mano») tiene una capacidad similar de provocar los mismos efectos nocivos. Por tanto, evita el tabaco y aprovecha para dejarlo; incluye en ello a tu entorno más cercano y procura esquivar aquellos lugares en los que se fume habitualmente. Si no te ves capacitada para hacerlo, pide ayuda a un profesional, pues cada vez son más los recursos de ayuda para dejar de fumar.

11. ¿Hablamos ya de los antojos?

a. Si aparecen, por algo será. Tienen su base científica.

b. Mejor cumplirlos o al recién nacido le saldrán manchas en la piel (u otras cosas).

c. Ni caso, son historias de abuelas.

d. Hay que respetarlos, pero con mesura.

Correcta: d. Lo cierto es que son como las meigas: nadie sabe de dónde salen, pero haberlos, haylos. Mucho se ha teorizado al respecto de su origen, desde que podrían ser mínimas necesidades nutricionales no cubiertas, hasta que son puramente de carácter psicológico o que responden a costumbres sociales. Lo cierto es que en cualquier embarazada que se precie llega un momento en que, ¡zas!, se le antoja comer algo en un momento puntual, que puede ser único o que a partir de ese momento se hace reiterativo. Dile «alitas de pollo picantes» o «helado de chocolate amargo», pero ahí está el tema. Dependiendo de los estudios, aparecen entre el 50 y el 90 % de los embarazos, que no es poco. Parece que el tema de que sean necesarios para cubrir ciertos requerimientos nutricionales podríamos obviarlo, en primer lugar, porque cualquier gestante bien alimentada y que tome los suplementos recomendados (que deberían ser la mayoría) no los necesitaría; en segundo lugar, porque las opciones que proponen la mayor parte de esos antojos no son precisamente saludables, y en tercer lugar, porque se ha podido comprobar que son variables dependiendo de la cultura en la que nos movamos; así pues, en los países occidentales, los *top ten* son los dulces y los encurtidos, mientras que en Japón no hay duda de que es el arroz.

Tengan una base nutricional o no, algo que personalmente me permito poner en duda, ya que no he leído estudio alguno sobre los antojos en el que los alimentos objeto del mismo fueran acelgas o espinacas (alimentos muy recomendables en el embarazo), está claro que reforzar el hecho de que tienes a alguien a tu lado dispuesto a salir a las tres de la madrugada a por unas fresas con nata, cueste lo que cueste, es altamente gratificante y siempre es de agradecer, pero durante el embarazo más.

De lo que sí estamos seguros es que en caso de no poder satisfacer en tiempo y forma ese impulso irrefrenable, a tu futuro retoño no le va a suceder nada: ni manchitas en la piel, ni nada que se le parezca. La sarta de improperios que le sueltes al desalmado que ha tenido el valor de no cumplir tu deseo en ese momento es cosa vuestra. Ahí ya no me meto. Ten en cuenta, sin embargo, que uno de los grandes peligros del embarazo es un aumento exagerado de peso, así que antojos sí, pero en su justa medida y con el correspondiente punto de cordura.

12. Me lo estás pintando bastante negro. ¿Podré con todo eso?
  a. Al final, con tomar bien las vitaminas se compensa.
  b. Siempre queda la solución de no tener más prole.
  c. Podrás con eso y con mucho más.
  d. Son muchas recomendaciones, pero tampoco es para tanto.

Correcta: c. Por supuesto que vas a poder con todo eso y con mucho más. Las recomendaciones que te hago (alimentación, vitaminas, hábitos tóxicos, estilo de vida saludable...) deberían ser todas de obligado cumplimiento (quizá ha sonado un poco fuerte eso...), es decir, todas son necesarias y, a su vez, todas suman, añadiéndose valor las unas a las otras, pero por desgracia no son compensatorias. Tomar las vitaminas recomendadas e incrementar tu actividad física te va a proporcionar un mejor estado de salud que va a repercutir en positivo en tu embarazo y en la salud de tu bebé, pero no va a evitar los efectos dañinos que puedan suponerte la ingesta de alcohol o el seguir fumando. Por este motivo debes hacer caso a todas las recomendaciones que se te hagan. *A priori* te puede parecer complicado, pero seguro que te pones en ello y lo consigues fácil y progresivamente. Si has empezado todos esos cambios en la fase correspondiente al capítulo 2 de este texto, habrás tenido tiempo de sobra para hacer todas esas mejoras con una cadencia que no te suponga problemas. No te preocupes, con calma verás que no supone tanta dificultad como parece.

A fin de cuentas, también un buen día dejaste de ver *Los Lunnis y* tampoco ha sido para tanto…

4

En el hospital

¡Genial! Estás ya en el hospital, vas a dar a luz y te vas a quitar un peso de encima (nunca mejor dicho), aunque no lo dudes: te van a surgir algunos (simbólicos) nuevos. Date cuenta de que para parir te he dirigido al hospital, los pediatras solemos ser muy respetuosos con los deseos y las preferencias de las madres y de los progenitores, pero también somos muy celosos con el cuidado de vuestros hijos, es por eso por lo que nos parece que el lugar más adecuado para ir a parir es un entorno hospitalario. De acuerdo que todos (nosotros, los pediatras, más) tenemos conocimiento de nacimientos en entornos domiciliarios que han llegado a su término felizmente y en los que no ha habido problema alguno, a buen seguro que son la mayoría, pero desgraciadamente también sabemos (nosotros, los pediatras, más) que en algunas ocasiones el parto se tuerce de manera inesperada en cualquier momento y esa repentina eventualidad puede convertirse en una urgencia médica para la madre, para el bebé o para ambos, que únicamente tiene solución en un entorno hospitalario o, en su defecto, con la posibilidad de un traslado tremendamente rápido (en cuestión de minutos) al mismo. Déjame, pues, que, desde el mayor de los respetos, te recuerde que el lugar más seguro para dar a luz es un centro sanitario, asumiendo los posibles defectos que eso pudiera tener.

Pues eso, ya estás en el hospital y todos los temas del parto los tienes ligados y bien ligados con tu equipo de ginecología y matronas. Has dejado la casa preparada para cuando vuelvas a ella. De no ser así, ejem…, vuelve a repasar el capítulo anterior.

Total, que tu hijo acaba de nacer.

1. ¿Qué es lo primero que vas a hacer?
  a. Ponerlo bien guapo y echarle unas fotos para el Instagram.
  b. Dárselo a la abuela para que lo vista rápidamente.
  c. Empezar con el «piel con piel».
  d. ¡Que se lo lleven a la *nursery*! ¡Tenemos que descansar!

Correcta: c. Colocar al recién nacido en el regazo de la madre justo después del nacimiento para que entren en contacto sus pieles se ha demostrado como el mejor de los inicios, con efectos beneficiosos para la mamá y para su hijo. Por eso la recomendación actual es empezar por eso, y a ser posible, esperar un momento a cortar el cordón umbilical para establecer ese vínculo cuanto antes. El contacto piel con piel provocará una liberación de oxitocina en tu cuerpo, lo que contribuye a que el útero se contraiga, reduciendo la hemorragia, y aportará calor a tu cuerpo, lo que hará sentirse más cómodo al bebé, con lo que llorará menos, se sentirá más confortable y tendrá tasas más bajas de hipoglucemia (la bajada del azúcar en sangre que tienen muchos recién nacidos por el estrés del propio parto). Por si eso fuera poco, la oxitocina hace que tu cuerpo libere un aroma que el bebé percibe y que le induce a buscar tu pecho para empezar a alimentarse, lo cual se considera un factor relativamente determinante para afianzar la lactancia materna desde el primer momento. Imagina si es importante ese contacto piel con piel que incluso se recomienda hacerlo en los bebés prematuros que requieren necesidades inmediatas o en aquellos que por especiales circunstancias deben ser ingresados. Pero iré más allá: en el caso de que ese contacto no se pudiera ejercer con la madre, se recomienda que se haga de inmediato con el padre, ya que los beneficios observados, sin ser equiparables a los que aporta la madre, son significativos. Así pues, y sin querer ser pájaro de mal agüero, ya puedes advertirle a Paco de que, por lo que pudiera pasar, para el día del parto se olvide del chaleco y de esa camiseta tan molona de Iron Maiden y se ponga una camisa holgadita fácil de desabotonar de las de su padre.

Ese contacto estrecho que habéis iniciado de manera precoz deberá extenderse a lo largo de toda su infancia en diversas versiones adaptadas a las necesidades del bebé, y, como hemos visto, no es una única tarea de la madre: arrumacos, caricias, masajes o cosquillas serán siempre bienvenidos.

Por lo tanto, nada de vestirlo rápidamente, diga lo que diga la abuela; los paritorios están adecuados para que la temperatura que hay en ellos sea la ideal para las necesidades del bebé y de su madre.

Las *nurseries* son algo relativamente obsoleto que únicamente se debe emplear para situaciones concretas y especiales. Y lo de Instagram..., bueno, ten en cuenta que respecto a toda la exposición pública que hagas de tu hijo siempre habrá alguien (incluso él) que te vaya a pedir explicaciones, y que es muy difícil que en ese momento, y hasta 12 o 14 años más tarde, te dé su consentimiento para que lo hagas. Tú sabrás...

2. ¿Qué come un recién nacido?

a. Lactancia materna.

b. Lo que la matrona diga.

c. A mí me dieron biberón y me ha ido genial.

d. De momento, biberones, y luego ya veremos.

Correcta: a. Esta podría ser la madre de todas las preguntas (o de todas las respuestas) del presente libro. Sabiendo esto, tenéis un 50 % del examen final aprobado y parte de la gloria ganada. ¡Efectivamente! Un recién nacido debe tomar como único alimento y única bebida: la lactancia materna, y como hemos visto en el capítulo anterior, cuanto antes se inicie, mejor funcionará. La lactancia materna está específicamente diseñada para alimentar a tu bebé, pero no solo eso, pues cubre por igual y de manera simultánea sus requerimientos de hambre y de sed; es decir, cuando parece que tiene hambre, se le ofrece teta, y cuando parece que lo que tiene es sed, se le ofrece teta. Personalmente, me parece arriesgado intentar discernir cuándo un bebé tiene una u otra de esas necesidades, pero en el hipotético supuesto de que la naturaleza os haya dotado de esa especial habilidad, la respuesta a su demanda siempre debe ser la misma: teta.

La lactancia materna varía su composición en cada momento para cubrir todos los requerimientos del bebé. Así, por ejemplo, va variando desde el calostro (esa leche más amarillenta de los primeros días, muy rica en proteínas y otros nutrientes y propia de la alimentación del recién nacido) hasta una leche más madura cuya composición se adecua a las necesidades del bebé y que es capaz de variar a lo largo del día en función de los hábitos. Por otro lado, su especial estructura comporta una absorción mayor y mejor de los nutrientes que aporta, y se digiere más fácilmente, lo que dificulta que aparezca esa sensación de molestias intestinales o de los cólicos en el lactante.

Sin embargo, sus ventajas van más allá de la pura alimentación. Contiene multitud de sustancias que se han demostrado eficaces para prevenir infecciones en las primeras etapas de la vida, como gastroenteritis o cuadros respiratorios. Tiene inmunoglobulinas (defensas) que combaten las infecciones en la misma puerta de entrada sin dejar que penetren en el organismo del recién nacido, y es capaz de ejercer una primera barrera de protección contra enfermedades de la infancia como pueden ser la obesidad infantil, la diabetes o el asma. Asimismo, se ha demostrado que ejerce un efecto protector contra la temida muerte súbita del lactante; previene la caries dental, y está claro que crea un vínculo afectivo entre la madre y el pequeño que se alarga más allá del periodo de la lactancia.

Si todo eso te parece poco, ten en cuenta que también tiene multitud de efectos favorables en la madre: contribuye a que te recuperes del parto con mayor facilidad y a que vuelvas a tu peso previo más rápidamente; mejora la posible depresión posparto y, a largo plazo, también previene el cáncer de mama, el de ovario y la osteoporosis.

De paso, voy a añadir dos ventajas considerables: es mucho más barata que la lactancia artificial, tanto en su materia prima como en el hecho de no tener que comprar biberones o similares, y está siempre disponible, sin necesidad de preparación ni de conservación. No es por desanimar, pero la leche infantil adaptada cuesta un pastón, algo que tiene incidencia en cualquier presupuesto familiar.

¿Quién da más? Pues sí, también es más sostenible y respetuosa con el planeta. ¡Ah! Y vegana, pues tiene origen en una especie animal, pero está diseñada para esa misma especie (por si surgiera la duda).

Queda claro que cualquiera de las otras respuestas se descarta con la parrafada que os acabo de soltar: lactancia materna precoz y exclusiva. Algunos estudios llegaron a demostrar que la administración «de vez en cuando» de algún biberón de lactancia artificial podía ser perjudicial en el sentido de inducir a la aparición de futuras alergias en el niño (por lo de meterle un bibe de leche infantil cuando estáis en el cine y lo cuida la abuela). Piensa que siempre está el recurso de extraerte leche y conservarla o congelarla para que se la pueda dar cualquier otra persona cuando tú no estés disponible. Es una técnica relativamente fácil y segura que cualquier matrona o experta de un grupo de lactancia materna te podrá explicar.

3. ¿Y si no podemos darle la lactancia materna?
   a. Forzamos al máximo.
   b. Entramos en dinámica de mala familia.
   c. Estamos en el siglo XXI: lactancia artificial.
   d. La leche de camella es una buena sustituta.

Correcta: c. A pesar de la amplia y documentada explicación de la pregunta anterior, en el supuesto de que no podamos (o no queramos, que no deja de ser una opción) ofrecer lactancia materna, no debemos considerarlo el fin del mundo. Cada familia tiene su especial idiosincrasia y debemos ser respetuosos al máximo con eso. Si por cualquier problema médico, social, coyuntural y/o por propia decisión no haces lactancia materna, tu decisión debe ser absolutamente respetada y no debes sentirte para nada culpable de haberla adoptado.

Efectivamente, estamos en el siglo XXI y la industria de la alimentación infantil ha evolucionado lo suficiente como para que en nuestro entorno ningún bebé alimentado con cualquiera de las leches adaptadas disponibles en la farmacia o en los supermercados llegue a tener algún tipo de deficiencia nutricional. La legislación al respecto y el seguimiento que en términos de seguridad se hace sobre esos productos son garantes de su calidad, y la rigurosidad con la que se aplican los controles deja escaso o nulo margen de error.

Ten en cuenta que la lactancia artificial no le va a ofrecer al pequeño muchas de esas propiedades que hemos puesto en consideración y que tú no te vas a beneficiar de sus ventajas, pero más allá de eso, su normal crecimiento y desarrollo están garantizados.

Recuerda que para evitar errores, todas las leches adaptadas se preparan de la misma manera: debes poner un cacito raso de leche en polvo (cada bote lleva su propio cacito y no son intercambiables) por cada 30 ml de agua que emplees. Pon siempre primero el agua y después añade la leche. Así pues, para preparar un biberón de 120 ml, pon en el recipiente esa cantidad de agua, le añades 4 cacitos de leche en polvo, agitas bien y... listo. Fácil, ¿verdad?

Ahora me preguntarás: ¿fría o caliente? Pues mira, como el bebé la prefiera. No hay ninguna norma en eso ni ninguna ventaja de una sobre la otra. Si el agua está templada, será más fácil hacer la disolución y tendrás que agitar menos. La única cosa que debes vigilar es que si has calentado el agua, no esté ardiendo. Deja caer unas gotas en el dorso de la muñeca para verificar la temperatura o pruébala antes. Pero, ojo, ¡del bibe no, eh! Eso es una marranada que puede traspasar las bacterias de tu boca al sistema digestivo del bebé.

Y como eres muy de preguntar, me dirás: ¿el agua del grifo o mineral? A ver, salvo alguna rarísima excepción, el agua potabilizada de cualquier servicio público de nuestro país es perfectamente apta para la preparación de biberones, tanto por su composición como por su sanitización. Otra cosa es que su sabor os resulte desagradable y en casa tengáis por costumbre beber agua mineral. Ahí no me meto, cualquiera es libre de gastarse el dinero en lo que mejor le parezca. Pero entre pagarla a precio de oro o abrir el grifo, yo lo tendría claro.

Y en tus ansias de sabiduría me preguntarás: ¿es necesario esterilizar los biberones, las tetinas y todo eso? No, es una técnica pasada de moda que antaño estuvo muy en boga. Un buen lavado del biberón con agua y jabón de cocina, poniendo especial atención en las partes que tienen rosca, ya que ahí es más fácil que queden acumulados restos de leche, y el posterior aclarado es suficiente para garantizar que no queda contaminado. No uses agua muy caliente ni los metas en el lavavajillas (a no ser que sean explícitamente aptos para ello) ya que el calor podría deteriorarlos o acortar su vida útil.

Si es que no paras de preguntar...: ¿que si se puede conservar una vez preparada? Sí, puedes conservarla durante unas 24 horas en la nevera una vez la has preparado, y algunas, pocas, fuera de ella; por ejemplo, si tienes previsto darle un bibe de madrugada y es la hora de acostaros. No es recomendable que si ha habido contacto entre la boca del bebé y el biberón la conserves durante demasiado rato ya que la contaminación bacteriana en esas circunstancias es más fácil. Lo que no se haya acabado en una toma es mejor que lo deseches.

Ha quedado claro, ¿no? Cuando no hay lactancia materna, la artificial es un buen sustituto, y no se debe forzar ni a la madre ni al bebé cuando la primera no funciona. Pero ten en cuenta que tu pediatra o tu enfermera de pediatría siempre pueden recomendarte algún truquillo cuando la cosa está que si sí, que si no, y continúa apeteciéndote seguir intentándolo. Obviamente, no pasará por recomendarte la leche de camella, tranquila. De no conseguirlo, vas a seguir siendo la mejor madre del mundo y pobre del que te diga algo al respecto porque estoy dispuesto a quedarme con su cara.

4. ¿Cada cuánto debe comer?
   a. Cuando me diga el equipo de pediatría.
   b. Cada tres horas e ir aumentando.
   c. Cuando lo vea desesperado de hambre.
   d. A demanda.

Correcta: d. «A demanda» significa que cada vez que el bebé nos dé señales de hambre se le ofrecerá. Y esto es tan válido para la lactancia materna como para la artificial. Habitualmente se ha tendido a hacer una alimentación a demanda con la lactancia materna, en la que no vemos la cantidad de leche que ingiere el bebé, pero se ha sido más rígido con la artificial, pautando de manera inexorable unas cantidades de leche que debían ser ingeridas en cada periodo de tiempo determinado. Si bien es cierto que conocemos las necesidades diarias del bebé, no lo es menos que pueden ser cubiertas de forma irregular y pueden variar entre amplios márgenes, independientemente de su edad y su peso. Es por todo ello que la recomendación actual es darle de comer cuando el recién nacido muestra signos de hambre. Debemos tener en cuenta la posibilidad de que estas señales no sean absolutamente determinantes, como el hecho de meterse los puños en la boca a lo loco o llorar de manera desaforada. Habitualmente, cuando aparecen estas señales es posible que su hambre sea talla canina y el desasosiego y el cansancio se hayan venido arriba, con lo que la templanza necesaria para comer de manera adecuada haya bajado a mínimos, impidiendo una toma satisfactoria. Debemos aprender a interpretar las señales de hambre que nos da de manera precoz, algunas de ellas pueden ser tan sutiles como muecas o movimientos faciales o de las extremidades. Cada niño es un mundo, dicen, ¿no? Pues te irás acostumbrando a sus caretos de hambre y a sus gestos reivindicativos y no dejarás que llegue al extremo de pensar que ha caído en una mala familia. Repito (soy pesado, sí), eso vale para la teta y para el bibe. Si estás dispuesta a darle biberones es posible que el primer profesional sanitario con el que tengas contacto en referencia a tu hijo te diga que le tienes que dar n mililitros cada x horas. Tómate eso como una indicación, como una aproximación para que, de buenas a primeras, no le intentes llenar su diminuto estómago con cantidades ingentes de leche. A partir de esa orientación, adecua tus ofertas a sus requerimientos y ten en cuenta que, de la misma manera que tú no sueles desayunar la misma cantidad que comes, es posible que él en algunas tomas tenga más hambre que en otras. Y ten muy presente que, por pequeño que sea el bebé, a nadie le resulta apetecible comer cuando no tiene hambre. Cuando tiene hambre, hay que darle de comer, y cuando dice basta, hay que parar. En estas edades decir «basta» es equiparable a cerrar la boca a cal y canto o girar la cara hacia donde no está el biberón. Ni uno ni otro son gestos demasiado complejos de interpretar.

5. El chupete:
   a. No se debe ofrecer nunca.
   b. Se puede ofrecer los primeros meses sin que aparezcan demasiados problemas.

c. Pocas veces crea hábito.

d. Está contraindicado en la lactancia materna.

Correcta: b. Siento desengañaros: al chupete no se acostumbran, nacen acostumbrados. Es el denominado «hábito de succión no nutritiva» que todos los recién nacidos sanos tienen de forma innata y son aquellos que de manera instintiva no cumplen una función alimentaria, sino que buscan una recompensa placentera en el instinto primario de la succión. En ocasiones se ha instaurado ya en la época intrauterina con el chupeteo de algún dedo. Básicamente, estos hábitos son dos: la succión del chupete y la digital (que no es chupar un ciberchupete, sino chuparse uno o varios dedos). El problema de cualquiera de las dos es que, mantenidos durante largos periodos de tiempo, van a dar lugar a deformidades dentales y óseas de peor y más costosa solución cuanto más tiempo se perpetúen. Al principio van a ser deformidades de la dentadura temporal, reversibles espontáneamente en la mayor parte de los casos si retiramos el hábito antes de los 2 años, pero estas van a dar paso a deformidades de los maxilares cuya solución requerirá la intervención de odontopediatras, y eso no suena bien.

La mayor parte de los bebés van a tener uno u otro tipo de hábito de succión, y si tengo que decantarme por uno de ellos, sin duda prefiero el chupete. Elijamos uno de tamaño pequeño, preferiblemente anatómico. Si no lo vamos aumentando de medida conforme el bebé va creciendo, no nos supondrá demasiado problema a la hora de retirarlo, siempre antes de los 2 años. La estrategia de, en el momento adecuado, regalárselo a los Reyes Magos o a la figura icónica de la fiesta mayor de nuestra localidad, y, en cualquier caso, haciendo al niño partícipe de la decisión y del propio acto de «desaparición» del chupete, suele ser eficaz, siempre que tengáis la entereza de aguantar las siguientes dos noches sin salir corriendo a la farmacia de guardia a por uno nuevo.

En cuanto a la succión digital, la cosa se complica por dos motivos. El primero es que el tamaño del dedo o dedos succionados va aumentando a medida que el niño va creciendo, con lo que la malposición dental que genera es más importante. El segundo, y más peliagudo, es que en el momento de tomar la decisión de abandonarlo no nos podemos deshacer de un dedo con la misma facilidad con la que lo hacemos con un chupete, y por más buenas que sean las intenciones, el dedo sigue estando ahí y el pequeño se lo sigue llevando a la boca de manera instintiva y consolatoria, ajeno a cualquier pacto al que podamos haber llegado con él. Es habitual que el hábito de succión digital se prolongue más en el tiempo, generando más complicaciones de las descritas.

Una lactancia materna en vías de instauración no debería fracasar porque el bebé emplee el chupete; de todas formas, se recomienda no emplearlo hasta pasadas unas semanas de vida, y en cualquier momento de desasosiego del bebé de esos primeros días, colocarlo en el pecho para que ambos, bebé y madre, reconozcan las diferencias entre la succión nutritiva y la no nutritiva.

En el caso de la lactancia artificial, está claramente indicado ya que ha demostrado ser un factor de protección contra la muerte súbita del lactante, y como a esos bebés les falta el factor de protección de la lactancia materna, es de las pocas medidas preventivas de las que podemos echar mano.

De cualquier modo, haga lactancia materna o artificial, jamás de los jamases hay que forzar al bebé a emplear el chupete, y mucho menos untárselo con sustancias que se lo hagan más agradable, como leche, miel o... anís. He visto cosas que no creeríais...

6. Las visitas de familiares en el hospital:
   a. ¿Visitas? No, gracias.
   b. Cuanto antes vengan todos, antes acabaremos.
   c. Solo familiares directos.
   d. Solo los niños de la familia para que lo vayan conociendo.

Correcta: a. Dicen (ahora mismo no recuerdo mi experiencia) que el nacimiento es el momento de más estrés en la vida de una persona. Si hay otra situación que genera una elevada tensión es la de la parturienta dando a luz. ¿A quién se le puede ocurrir que es oportuno ir a visitar a un recién nacido y a su reciente mamá al hospital a las pocas horas del parto? Pues eso, podríamos dejarlo aquí, pero permíteme que añada alguna cosa más: si hay alguna época en la que el ser humano es especialmente vulnerable a las infecciones, esa es la etapa neonatal, su sistema inmunológico es inmaduro y está en vías de formación, eso lo hace especialmente sensible a contagiarse de alguna infección que porte alguna de las visitas, especialmente si son niños, ya que siempre traen alguna consigo. Te irás dando cuenta de eso con el paso del tiempo.

Por tanto, las visitas de cortesía en el hospital no son tan solo poco recomendables, sino que deberían estar sanitariamente prohibidas por ley. Esos días de estancia hospitalaria deben ser de reposo, de adaptación con y para el monstruito y de implicación de todo el núcleo familiar. Ahí no hay espacio para otros. Es más, hasta que estéis en casa, hayan transcurrido varias semanas después del parto, la alimentación esté bien instaurada y tengáis clara la situación en general, una vez superadas todas las dudas y tropezones iniciales, no sería recomendable que las visitas empezasen a traspasar el umbral de vuestro hogar (poético, pero cierto).

Está claro que es relativamente complicado, e incluso puede parecer descortés, luchar contra una norma social bastante instaurada, pero deberéis ser intransigentes en este sentido. No está de más que hagáis partícipes de vuestra decisión a los abuelos y al círculo familiar y a las amistades más cercanas, ya que ellos os podrán ayudar a eludir esas visitas, posponiéndolas para futuras ocasiones, y así evitaros a vosotros el «mal trago» de hacérselo saber a esos parientes lejanos de Logroño que tan ansiosos están por venir a ofreceros sus parabienes.

7. ¿Cuándo volvemos a casa?

- **a.** Cogemos los bártulos y nos vamos cuanto antes. Esto es pesadísimo.
- **b.** Cuando nos indiquen.
- **c.** Si podemos alargar algunos días más en el hospital, mejor.
- **d.** Ya no teníamos que haber venido.

Correcta: b. A pesar de lo bien que te puedas encontrar, de las ganas que tengáis de estiraros en vuestro sofá con vuestro mando a distancia o de recuperar ese helado de zarzamoras con nata que dejasteis a medias en casa, no debéis precipitar la salida de la maternidad. La tendencia actual es que cada vez se pase menos tiempo en el hospital y, a pesar de eso, en ocasiones se puede hacer eterno. Ten en cuenta que hay algunos factores que, por bien que te sientas y por genial que veas a tu bebé, deben ser controlados en un ámbito hospitalario: tu estado de salud, el del peque, la realización de algunas pruebas, las revisiones rutinarias del pediatra, controlar posibles sangrados, instaurar la alimentación... A todos los bebés se les realiza una prueba de audición durante su estancia en el hospital con la finalidad de, si fuese necesario, instaurar un tratamiento lo más precoz posible, así como «la prueba del talón», que es un pinchazo en dicha zona para recoger muestras de sangre con el objetivo de actuar cuanto antes en caso de detectar alguna anomalía. Son enfermedades extremadamente raras, pero en las que un diagnóstico precoz cambia radicalmente el pronóstico.

En definitiva, son horas y días en los que no se puede dejar nada al azar y que, de ofrecerte la ocasión, puedes llegar a pactar con tu obstetra y pediatra la posibilidad de un alta anticipada, valorando la posibilidad de que se puedan hacer algunos requerimientos especiales en el ambiente doméstico. A pesar de todo ello, hay unos criterios mínimos necesarios para el alta que, en ocasiones, están incluso protocolizados. No son iguales las condiciones para quien tiene el hospital a tiro de piedra que las de quien vive relativamente alejado de un centro sanitario, y eso, en momentos así, también se debe tener en cuenta.

A los y las que habéis votado la última opción, os recomiendo un repasito a la introducción de este capítulo 4. De nada.

8. ¿Estará sano mi pequeñín?

a. Quién sabe, hasta que no lo vea su pediatra...

b. Con esa pinta de torete, seguro que sí.

c. Pues yo lo veo paliducho y adormecido.

d. Lo revisan varias veces; de haber cualquier cosa, me lo harán saber.

Correcta: d. A todos los recién nacidos se les somete a exploraciones en diversas ocasiones durante su estancia en el hospital después del parto. Es muy posible que una de esas personas que veas en la sala de partos ataviado de cirujano sea un pediatra de incógnito dispuesto a echarle el primer vistazo a tu bebé y preparado para actuar en caso de que haya alguna complicación. Si no lo reconoces, casi que mejor, ya que en algunos centros hospitalarios el pediatra solo acude al acto del parto si se presupone que este puede ser de riesgo. De todas formas, esté ahí o no, a las pocas horas del nacimiento se le hará una exploración completa y sistematizada en búsqueda de las principales anomalías que puede tener un recién nacido y que serían interminables de enumerar aquí. Algunas de ellas son transitorias y no van más allá de las primeras horas; son, por así decirlo, deficiencias en el acabado final. El pediatra lo seguirá valorando hasta constatar que han desaparecido y, en cualquier caso, antes de daros el alta, se volverá a explorar al bebé y se anotarán los hechos más relevantes del parto y de su estancia en el centro en su carnet de salud correspondiente, tales como el peso al nacer y al alta, su longitud y el perímetro craneal, el tipo de parto, el resultado de la prueba de audición... Todos estos datos serán de gran ayuda para tu equipo de pediatría en el momento de su primera visita al centro de salud. Lleva el carnet siempre contigo, al niño y a Paco.

5

Llegada a casa (por fin)

¡Bien! Habéis conseguido que en el hospital os den el alta. Estáis todos en casa y aparentemente está todo bajo control. ¿Bajo control? Espera, a lo mejor nos hemos precipitado y hemos pecado de un exceso de optimismo. De hecho, la auténtica aventura acaba de empezar, ríete tú de Indiana Jones y sus templos. Tenéis por delante 24 horas de dedicación absoluta, y únicamente una buena planificación y una cuidadosa organización de las tareas os van a salvar de caer en el caos y la desesperación. Colgad esta última frase en la puerta de la nevera, tatuadla en la parte de vuestro cuerpo más visible y ponedla de fondo de pantalla en el ordenador, porque de ahora en adelante todo será mucho más fácil si dais valor a esos dos conceptos: organización y planificación.

Pero como, una vez llegados a este punto, la cosa ya no tiene vuelta atrás, os animo a que dediquéis parte de vuestras tareas diarias a ver la evolución de Janis (¡sí, ya tiene nombre!). Vais a alucinar con los progresos que hace, día a día os daréis cuenta de su evolución y lo pasaréis genial compartiendo entre vosotros los descubrimientos que detectéis. No tienen límite.

Pero claro, para que todo eso discurra de una manera correcta, debéis tener algunas cosillas claras. Vayan por delante unas cuantas como ejemplo:

1. En referencia a las visitas de familiares, amigos y parientes:

   a. Ahora sí, todos a pasar por casa a saco.

   b. A degüello con ellas. Visitas, ni una.

   c. Ya es el momento de empezar a poner de largo a Janis.

   d. Con mesura: familiares de hasta cuarto grado, el presidente y el secretario de la comunidad de vecinos y los del grupo de WhatsApp del *gym*.

Correcta: b. Si has respondido cualquiera que no sea la b, repasa a fondo lo que os he explicado de las visitas en el capítulo anterior y subraya en fosforito donde se habla de las semanas para empezar a recibirlas. Posiblemente algunas sean inevitables e incluso te sirva de ayuda contar con ellas: abuelos/as, hermanos/as, algún amigo/a especialmente allegado... Obviamente, otras serán inevitables y aportarán entre poco y nada, lo sé. Y tampoco es plan enemistarse de por vida con los más allegados por cuatro cosillas que yo te diga, lo sé también. Coordina el momento en que te sea más favorable su presencia e invítalos a vuestra conveniencia. Si te pueden servir de ayuda en ciertas situaciones, planifica esas futuras visitas con antelación, ten en cuenta que habrá momentos del día en que no tendrás disponibilidad ni para acercarte al telefonillo para abrir la puerta; así que, si están dispuestos a hacerlas, asígnales tareas sencillas que alivien tu día a día: traer algunas compras de camino a vuestra casa, preparar comidas, hacer los baños a fondo..., en fin, esas cosillas cotidianas que cualquier buen amigo estaría dispuesto a hacer. Janis tiene toda una vida por delante para hacer vida social y, de momento, seguimos en un periodo de adaptación.

2. ¿Debemos hacer algunos trámites «burocráticos» con Janis?

a. Bueno, en algún sitio tendremos que apuntarla.
b. En la maternidad se han encargado de todo.
c. Hay que inscribirla en algún sitio, pero con la calma.
d. No, actualmente está todo informatizado.

Correcta: a. Pues sí, actualmente está (casi) todo informatizado, pero no todo, de modo que es necesario hacer algunos trámites burocráticos para poner a Janis en circulación y que sea plenamente merecedora de todos sus derechos sociales. Es posible que en el hospital os hayan explicado cómo hacer algunos de esos trámites e incluso los hayáis podido hacer desde allí, pero os resumo los pasos necesarios para tenerla correctamente matriculada y a punto de circulación:

- Alta en el Registro Civil: debéis llevar unos impresos que os darán en la maternidad junto con el libro de familia y unas fotocopias de vuestros DNI.
- Inscripción en el padrón municipal de vuestro ayuntamiento de residencia, más fotocopias de DNI y más libro de familia. Antes de abandonar la ventanilla correspondiente, pedid algún certificado de ese empadronamiento porque os será de ayuda.
- Trámites en la Seguridad Social: ahí deberéis hacer varias cosas:
  - Inscribir a Janis en la Seguridad Social, algo que habitualmente se hace uniéndola a la cartilla de la madre. Aparte de más DNI y más libro de familia, os pedirán una copia de ese certificado de empadronamiento. ¡¿Lo ves?!

– Solicitar la prestación por maternidad y por paternidad para ti y para Paco, respectivamente. Papeleo:
más de lo mismo.

- Tarjeta sanitaria y asignación de pediatra: eso, llevando
los papeles correspondientes y la inscripción a la Seguridad Social que habéis obtenido en el paso previo, se
hace en vuestro centro de atención primaria (CAP) y
se obtiene al momento, así que podéis aprovechar el día
de vuestra primera visita al pediatra para hacerlo, acu-
diendo al centro un cuarto de hora antes para hacer ese
trámite en el Departamento de Atención al Usuario, habitualmente en el mostrador de entrada. Si tenéis prefe-
rencia por alguna pediatra del centro, bien porque ya
controla a algún hermano de Janis, bien por referencias, bien por el horario que se adecua más a vuestra
disponibilidad (ojo, no todos tenemos los mismos horarios), ahora es el momento de hacerlo. Intentar cam-
biarla más adelante no es tan fácil como puede parecer.
- Pedir las correspondientes bajas por maternidad y paternidad a vuestros médicos de cabecera en vuestro correspondiente CAP.
- En caso de que seáis autónomos, todo es un poco más
complicado, cómo no.
- Si tenéis alguna mutua de salud privada, ahora es el
momento de inscribirla.

3. Vale, genial, y a partir de ahora ¿cómo nos organizamos?

    a. Pche…, tampoco es para tanto.

    b. Las abuelas lo tienen todo controlado.

    c. Método, organización, agenda, planificación y siste-
matismo.

    d. Todas las anteriores son ciertas.

Correcta: c. Siento volver a desanimarte, sí, la cosa suele ser para tanto porque algún orden hay que ponerle. No, por más controlado que las nunca bien ponderadas abuelas lo tengan, será imprescindible vuestra participación y que entre Paco y tú os hagáis con el control de la situación.

Lo he comentado previamente, pero no está de más volver a ponerlo en valor: la mejor forma de organizarlo todo es planificarlo con antelación, usar una agenda para tenerlo anotado, disponer de un método para cada cosa, ser sistemático para evitar al máximo las improvisaciones (que en la mayor parte de las situaciones con las que os encontraréis no suelen ser buenas) y sobre todo, so-bre-to-do, ser muuuy rutinarios, es decir, organizar los días para que, en la medida de lo posible, sean lo más similares los unos a los otros. La planificación y, especialmente, la rutina, por un lado, evitan que cometamos errores y, por otro, nos dan una cierta seguridad y tranquilidad. A esto cabe añadir que no hay cosa que Janis agradezca más que la rutina. El hecho de constatar que día tras día la secuencia de los acontecimientos es siempre la misma es de las primeras cosas que es capaz de aprender, y comprobar que eso es así siempre, hasta el punto del aburrimiento, le da seguridad y le genera tranquilidad. Está claro que para ella no es lo mismo que cada día, cuando la luz del sol es máxima, le demos de comer, la aseemos y la saquemos a pasear, que variar esa rutina constantemente. Para resumirlo, el hecho de «no saber qué es lo que va a pasar» la mantiene en un estado de tensión constante que fácilmente puede derivar en una incomprensible irritabilidad.

Así pues, sed aburridos, monótonos, planificadores y todos los adjetivos que os cuadren en este sentido. Es una buena inversión de futuro, a corto plazo Janis estará más tranquila, dormirá mejor y tendréis más tiempo para vosotros. A largo plazo, será una niña con mayor seguridad en sí misma y la posibilidad de que surjan problemas en ese sentido será menor.

4. ¿La empezamos a sacar de paseo ya?
  a. De momento nada, hasta finalizar la cuarentena no es aconsejable.
  b. A saco con ella. Mañana, a Port Aventura.
  c. Sin problemas.
  d. Lo que las abuelas digan.

Correcta: c. Sigue habiendo profesionales sanitarios que recomiendan esperar días e incluso semanas antes de salir a pasear con el bebé. Son creencias antiguas carentes de cualquier base científica. Hemos visto ya las características del cochecito ideal y sabemos que lo tienes en casa, así que puedes empezar a sacarla de paseo tan pronto te sientas con ánimos para hacerlo; puedes dejar que Paco tome la iniciativa o, mejor aún, podéis salir los tres. Los paseos son un estímulo sensorial para el bebé que lo pone en contacto con el mundo que de ahora en adelante le va a rodear. Como todo, esto también requiere de una adaptación, así que lo más adecuado es que vayáis incrementando progresivamente la duración e intensidad de estos paseos, pero sin cometer excesos. Entiendo que cuando tienes un hijo (Janis, en este caso), lo que más te apetece es hacer cantidad de cosas y compartirlo todo con él, pero debemos procurar frenar nuestros instintos y poner un punto de cordura. He visto bebés en grandes premios de Fórmula 1, donde el ruido es atronador y absolutamente inadecuado para ellos. A no ser que te apellides Alonso, evita situaciones como esa, y de apellidarte así, mejor busca una solución alternativa. Lo mismo te recomiendo para unas vacaciones exóticas o para parques de atracciones o similares que no están diseñados para bebés. A él no le aporta nada, incluso le puede resultar perjudicial, y vosotros no vais a disfrutarlo con la intensidad necesaria. Para todo habrá tiempo.

Una vez ha quedado claro que los paseos son buenos en la proporción adecuada y de acuerdo con las fuerzas y ánimos del paseante, es el momento de incluirlos en esas rutinas diarias que hemos comentado previamente. Da igual si van a ser tres o cuatro al día, más o menos cortos, o si vais a llegar muy lejos o simplemente le vais a dar ocho vueltas a la manzana (por lo que pueda pasar), procurad que sean siempre a la misma hora, de una duración similar, con tendencia progresiva y que estén plenamente integrados en esa monotonía cotidiana.

A Janis el paseo le aportará una pequeña dosis de vitamina D por el sol que le toque, le dará una visión global distinta a la que tiene en casa, aportándole nuevos y variados estímulos, y poco a poco irá estableciendo relación con otros seres desconocidos más allá de su entorno más cercano.

No tengas miedo: si hace frío, no se resfriará, así que no la tapes demasiado. Ten en cuenta que, además de la ropa que lleva, es posible que después lo metas en un saco y que alguien le tire una mantita por encima. He visto bebés salir de ahí dentro más calientes que las porras de Churrería Manolo.

A medida que incrementéis la duración de los paseos, ponedle protección solar en las zonas del cuerpo descubiertas, especialmente si es primavera o verano.

Ten cuidado porque el paseo será una de las cosas que más acabará por gustarle y la relajará tanto que terminará frita a mitad de la excursión diaria, y cuando te des cuenta, caerás en la tentación de usar esa cabezadita para llevarla a

casa a toda prisa para ponerla en la cuna y que siga durmiendo ahí. Es mala idea: Janis se ha dormido paseando y
espera despertarse en las mismas condiciones. Imagina qué
pasaría si después de dormirte plácidamente en tu magnífi-
co colchón de viscoelástica, te despertases en la silla de la
oficina con el salvapantallas del ordenador delante de tus
ojos... Pues eso.

Sin embargo, una idea peor es que, a sabiendas de que se
duerme durante el paseo, aproveches esta circunstancia para
que cuando no se quiera dormir en casa, y a su hora, la sa-
ques a ventilarse en el cochecito para que pegue la primera
cabezadita ahí, y después, con sigilo y alevosía, volver a
casa para ponerla en su cuna. Fatal, porque:

- Te veo paseándola a las tres de la madrugada a diario.
- Vas a seguir perpetuándole su mal hábito de dormir y
  le va a costar más hacerlo en su cuna.
- Cada vez dormirá más por la calle y menos en casa.

Más adelante encontrarás más elementos dedicados al
sueño, pero de momento quédate con esto.

Llegados a este punto, creo que no es necesario explicar la
inexistente relación entre la cuarentena y los paseos diarios.

5. Habrá que bañarlo, ¿no?

    a. A demanda, como la alimentación.
    b. ¿Bañarlo? ¿Y si se ahoga?
    c. No hasta que se le caiga el cordón umbilical.
    d. ¿Nos lo han dado sucio en el hospital?

Correcta: a. No, no es que os lo hayan dado sucio en el
hospital, es que los bebés tienen la costumbre de ensuciarse

(bastante) con cierta cadencia, que, precisamente, en el periodo neonatal es más acelerada. Para entendernos: que se hacen caca y pipí encima cada dos por tres y no tienen horario, y la caca es líquida o pastosa y... ¿sigo? En el hospital los bañan habitualmente, aunque la tendencia actual, siguiendo la recomendación de la OMS, es no bañarlos de inmediato para evitar la reacción de estrés que produce el baño y que en algunos casos los puede llevar a sufrir una hipotermia (descenso de la temperatura más de la cuenta) y una hipoglucemia. Por otro lado, ese baño precoz podría interrumpir el apego temprano del «piel con piel» con la madre e interferir en el inicio de la lactancia materna. Además, ahora sabemos que ese unto sebáceo (*vernix caseosa*), la grasa blanquecina que envuelve a los recién nacidos, es una sustancia con gran poder hidratante y de gran ayuda para evitar que su piel se reseque precozmente. Algo muy a tener en cuenta en los prematuros ya que sufren problemas de la piel con gran facilidad. Sí, en el hospital los bañan, bajo ciertas condiciones, pero ellos insisten en seguir ensuciándose.

Una vez en casa, podemos empezar a bañarlo desde el primer día. Mientras el resto del cordón umbilical está presente, los baños deben ser de muy corta duración o «baños de esponja», ya que ese resto del cordón es una puerta de entrada a las infecciones, que ya de por sí en el neonato pueden ser más frecuentes. Es especialmente importante que esa zona quede bien seca, la humedad residual es un factor favorecedor de la colonización bacteriana. No es necesario bañarlo cada día, ni que la duración del baño sea exagerada. Cuanto más frecuente y prolongado sea el contacto con el agua, más posibilidades habrá de que la piel del bebé se reseque. Las suciedades puntuales de la zona del pañal se limpian habitualmente lavando la zona con agua y algún jabón neutro, y de manera puntual con toallitas húmedas especiales para bebés. Y no, no hace falta poner ninguna crema protectora o regeneradora en la zona salvo que sea tu pediatra quien te lo indique. Las cremas pueden obstruir los poros de la piel y alterar su equilibrio natural.

Hay que tener en cuenta también que al principio es muy posible que a Janis no le apetezca verse parcialmente sumergida en un charco de agua con una esponja que la va frotando, y como muestra de desaprobación llorará, otro motivo más para que esos baños al principio sean más escasos y de menor duración. Una cosa rapidita a días alternos y sin sumergir al pequeño del todo sería lo más adecuado para las primeras semanas. Cuando la zona del cordón esté completamente seca o este haya caído, le hayamos pillado bien el truquillo, a Janis le guste más y su piel no tienda tanto a resecarse, podemos empezar a plantearnos bañarla a diario y durante un periodo de tiempo más prolongado, más como una actividad lúdica compartida que porque haya una necesidad real de hacerlo. No olvidemos que sobre todo en situaciones como estas debemos ser extremadamente prudentes con los temas de seguridad:

- Debemos bañar al bebé en un sitio adecuado para ello.
- Los lavabos no son una buena idea, son muy resbaladizos y tienen objetos que sobresalen por todas partes: grifos, manetas...
- Cuidado con la temperatura del agua, no debe estar excesivamente caliente, pero tampoco demasiado fría, ya que podría ser causa de una hipotermia, especialmente los primeros días de vida.
- Jamás dejes al pequeño solo en el lugar del baño; si debes hacer algo inaplazable y de manera inmediata, llé-

valo contigo. Por seguro que te parezca dejarlo solo unos segundos, el riesgo cero no existe. Este consejo es válido hasta el momento en que se duche en el gimnasio con los amigotes.

6. ¿Cómo la visto?
   a. Siempre abrigada.
   b. Ligerita de ropa, los bebés sudan mucho.
   c. Con sentido común.
   d. De marca siempre.

Correcta: c. Si bien es cierto que los recién nacidos tienen una cierta dificultad para regular su temperatura, fruto de su relativa inmadurez, eso es válido tanto para el frío como para el calor. Así, si lo abrigamos poco, tendrá frío, pero si lo tapamos demasiado, tendrá un exceso de calor. No hay una regla escrita para eso, así que lo mejor es aplicar el sentido común. Mi consejo es que en invierno lo vistáis con un equivalente a las piezas de ropa que vosotros llevéis más otra prenda, que suele ser el body que se les pone siempre por debajo. Tened en cuenta que si después lo ponéis en una cuna con saco, sábanas o manta, tenéis que ir descontando piezas de ropa a expensas de esos extras. No perdamos de vista que por más frío que haga en el exterior, la temperatura que siente el bebé es la del interior de la casa. Una verdad de Perogrullo, pero no siempre nos damos cuenta en nuestro afán por protegerlo. En ocasiones sale a relucir ese hombre de las cavernas que todos tenemos dentro.

En verano, teniendo en cuenta que en los ambientes en los que se mueven no suele haber aire acondicionado y que las temperaturas en nuestro país son generosas, lo mejor es que le pongáis el equivalente a las piezas de ropa que vosotros llevéis.

En general, la tendencia suele ser abrigarlos en exceso por miedo a que tengan frío. Esto conlleva que sientan un cierto grado de malestar que los hace estar incómodos y quejarse; por otro lado, sudan en exceso, perdiendo una cantidad de líquidos no desdeñable que tiene, como primera consecuencia, un estreñimiento incipiente. Hacedme caso, la mayor parte de estreñimientos que vemos en verano en bebés se deben a un exceso de ropa. Aligerarles la vestimenta hace que vuelvan a defecar con toda normalidad.

Moraleja: cuando a Janis le cueste más de lo normal hacer caquitas, ya sea verano o invierno, preguntaos antes de nada si no la estáis abrigando de más.

7. A la hora de cortarle las uñas:
   a. Las tijeras de Paco nunca fallan.
   b. Hasta los 6 meses no es necesario.
   c. Un limado suave es suficiente.
   d. Los recién nacidos no tienen uñas.

Correcta: c. Pues sí, mire usted, los recién nacidos se entregan con todos sus acabados al cien por cien, como si estuviésemos hablando de un coche de gama alta. Y ese acabado *full equipped* incluye las uñas. Uñas que no son exactamente como las de los adultos o las de los niños mayores, a pesar de que por su apariencia lo puedan parecer, son mucho más débiles y, en la mayoría de los casos, a la que están más largas de la cuenta se fragmentan por sí solas y caen. Esto no quiere decir que no debamos cortarlas, ya que al fragmentarse pueden quedar restos irregulares con los que el bebé se arañe o que favorezcan que se le enganche alguno de los dedos con la ropa. Como son tan frágiles, durante los primeros meses no es necesario cortarlas en el sentido estricto de la palabra, así que con un limado cuidadoso con una lima suave (que no una lija del 7) será suficiente para mantenerlas a raya dentro de su lecho y evitar males mayores.

A medida que el bebé se vaya haciendo mayor se volverán más consistentes y nos será más práctico emplear unas tijeras pequeñas de punta roma, para evitar que ante cualquier movimiento imprevisto alguien se lleve un pinchazo. Recuerda que en el momento de cortárselas no debes intentar apurar demasiado y que, ante la duda, siempre es mejor cortarlas en recto y después darles algo de forma con una lima que cortarlas en redondo y pasarse.

8. Y si tiene hermanos:
   a. Cuanto más lejos, mejor. Son fuente inagotable de virus.
   b. Haced ver que no ha pasado nada. Se adaptarán poco a poco.
   c. Que se vayan una temporada con los abuelos.
   d. Cuanto antes sepan la realidad, mejor: somos uno más y aquí pringamos todos.

Correcta: d. Aunque expresado de una manera un poco radical (era por no ponéroslo fácil), lo cierto es que cuanto antes expliquemos la situación a los hermanos, mejor. Debemos intentar que vivan la presencia del nuevo miembro de la casa con la mayor naturalidad posible e implicarlos en sus cuidados en la medida de sus posibilidades y de acuerdo con su edad. Hacerles asumir el papel de «hermanos mayores» y asignarles tareas de responsabilidad y vigilancia suele ser una buena opción para tenerlos relativamente contentos con ese nuevo rol. Ya habrá tiempo para los celos, que suelen aparecer siempre, son normales y fisiológicos, y en el fondo no son más que una demostración de amor, de necesidad de la permanencia del amor que saben que les profesáis y de la necesidad de que sepáis del amor que os profesan. Es decir, que os quieren y quieren que los queráis. Lo más probable es que dependiendo de la edad del hermano no aparezcan al principio, pues el bebé es para ellos un ser relativamente inerte que les roba parte del tiempo que sus papás le dedicaban, pero que interactúa poco con ellos. Al principio suelen hacerles «relativa» gracia, son una «cosita» más que hay en casa y que cuando la gente viene a ver, también tienen consideraciones con el hermano mayor. Será más adelante, cuando el bebé empiece a hacer monerías y vosotros, con la babilla cayendo por la comisura de los labios, se las riais y las compartáis, cuando ese hermano empiece a ponerse alerta y a dar sus múltiples y variopintas muestras de celos. Asumidlo, es inevitable y entra dentro de la normalidad. Tendrá una u otra apariencia dependiendo del carácter del niño, pero con un poco de mano izquierda y paciencia todo volverá a la normalidad. Prueba superada. Hay algunas cosas que si bien no sirven para evitar la aparición de los celos, sí que son útiles para apaciguarlos:

- No cambiéis los hábitos del hermano mayor en función de las necesidades del bebé.
- No os paséis el día hablando del bebé en casa, porque el hermano, tenga la edad que tenga y esté o no aparentemente atento, se entera de todo.
- No le expliquéis las lindezas de vuestro bebé a todo el mundo delante del hermano. La explicación anterior

también se aplica aquí y el que no se entera de nada es el bebé.

- No intentéis quedar bien constantemente con el mayor. Eso no aminorará sus celos y podría llevar a que os tiranice.
- No hagáis bromas sobre el tema de los celos. Los niños no entienden ese tipo de humor.
- No regañéis constantemente al hermano si «maltrata» al bebé o si se porta mal. Él únicamente pretende reclamar vuestra atención, y vuestras regañinas son una forma más de conseguirlo.
- No dejéis nunca al mayor al cuidado del bebé. Lo quiere mucho, pero nunca se sabe lo que podría pasar.

El contacto con el bebé va a ser inevitable, así que procurad que los hermanos no lo soben demasiado, en especial si es época de mocos y los llevan colgando, pero sin llegar al extremo de la obsesión. Murphy nunca falla, y aquí tampoco: cuanto más pretendáis alejarlos, más encima de él los vais a tener y mayor predisposición a que aparezcan esos celillos. Así pues, que sea lo que Dios quiera... Aunque (inciso científico) no olvidemos que la naturaleza es sabia y siempre tiene recursos de última hora para cualquier situación; en este caso, echa mano de los anticuerpos (defensas) que la mamá le ha pasado al bebé durante el embarazo y que le suelen durar entre 6 y 8 meses de vida. Esa es, entre otras, una de las causas de que los niños no empiecen a llevar las candelas colgando de su nariz hasta que no empiezan a llegar al año de vida.

Por tanto, no os desesperéis intentando separar a los mayores del peque; la naturaleza y un poco de suerte estarán siempre ahí para echaros una mano.

6

Primera visita al pediatra. Nos pille confesados...

Para qué nos vamos a engañar, la primera visita al pediatra siempre es una experiencia, ya que conlleva despejar un montón de incertidumbres, especialmente si no hay experiencia previa: ¿será él?, ¿será ella?, ¿joven?, ¿mayor?, ¿simpático o más bien bordecito? Y la más importante de todas: ¿estará Janis tan bien como nos dijeron al salir del hospital? La respuesta a la primera pregunta deberías saberla, ya que si habéis hecho caso a los consejos previos tenéis pediatra asignado y por su filiación no debería ser demasiado complicado saber su sexo. Sobre la edad, el carácter y demás peculiaridades del pediatra, no os preocupéis demasiado en esa primera visita. Para nosotros, a pesar de que podamos hacer varias en un mismo día, también es un momento especial y, en general, atender a una familia a la que no hemos visto nunca antes también nos supone un momento delicado, más cuando la familia va acompañada de un recién nacido que es la primera vez que será visitado en Atención Primaria. Sí, para nosotros también es un momento de cierta incertidumbre en el que debemos estar pendientes de vosotros, del carnet de salud (que siempre llevaréis encima), de los informes que nos podáis aportar del hospital y de esa cosita que nos habéis puesto encima de la camilla de exploración a la que es la primera vez que vamos a manipular. Todo ello enmarcado en la proverbial escasez de tiempo para atenderos de la que «disfrutamos» y que, visita tras visita, podréis constatar que no es un mito. Es posible que sintáis que esa primera visita es algo tensa y, quizá, despersonalizada. No os preocupéis por eso. En las siguientes citas vuestra afinidad con el pediatra y viceversa se irá destapando o, a lo peor, cerrando cada vez más, algo que me da motivo a deciros que siempre podéis solicitar un cambio de profesional.

Vamos a empezar por una pregunta fácil:

1. Para esa primera visita tengo que llevar:
   a. A Janis.
   b. El carnet de salud.
   c. Los informes del hospital.
   d. Todo lo anterior.

Correcta: d. Cierto y fácil, ¿eh? El día de la primera visita le abriremos la historia clínica a Janis y la exploraremos de arriba abajo. Obviamente, debéis traerla con vosotros. Del carnet y de los informes extraeremos todo aquello que sea relevante y lo anotaremos en su historial. En adelante esos informes ya no serán necesarios, no hará falta que los traigáis más; el carnet sí, porque a partir de ahora seremos nosotros los que anotemos en él. Veréis que el librillo tiene varios apartados, algunos informativos y otros para que el equipo de pediatría vaya cumplimentando datos progresivamente. Quedaos con que, en esencia, ahí vamos a anotar su peso, su talla y su perímetro craneal (hasta los 2 años) de cada revisión a la que vengáis y, llegado el momento, las vacunas que se le vayan administrando. Aunque todo eso queda registrado en su historia clínica informatizada, os servirá de ayuda llevarlo siempre encima ya que los sistemas informáticos entre diversos servicios (Atención Primaria/Urgencias) o entre las diferentes comunidades autónomas puede que no sean compatibles (lo de «puede» es una licencia a la bonhomía, porque lo más habitual es que no sean compatibles).

La exploración que le haremos a Janis está sistematizada para todos los recién nacidos y, aparte de valorar su estado de salud en general, pretende detectar o descartar todas las alteraciones que con mayor frecuencia se presentan en ese grupo de edad. Algunas de ellas son producto del parto, como la fractura de la clavícula o las lesiones en la musculatura cervical; otras se dan por falta de maduración o por déficit de consolidación de las estructuras, como algunos soplos cardiacos pasajeros, y, por último, aquellas patologías que son propias del periodo neonatal, como, por ejemplo, los defectos en las caderas o las alteraciones en la circulación.

Tened en cuenta, también, que algunas de las alteraciones congénitas (de nacimiento) pueden no dar la cara hasta pasados unos días o semanas. Es lo que sucede, sin ir más lejos, con los angiomas (manchas coloradas de la piel), que, a pesar de ser congénitos, no empiezan a dejarse ver hasta después de un tiempo, o la estenosis del conducto lagrimal, que, aun siendo un defecto con el que se nace, no se hace patente hasta que el bebé empieza a tener conjuntivitis de manera repetida.

Quedaos tranquilos, a Janis la vamos a mirar, a pesar y a medir muchas más veces de lo que os podáis imaginar, y está en nuestras manos velar por su salud.

2. Me recomendarán que le dé de comer:
   a. Cada tres horas.
   b. A demanda.
   c. Intentando que aguante al máximo.
   d. A lo loco.

Correcta: b. Lo hemos comentado previamente: la alimentación de un bebé es siempre a demanda, tanto si hace lactancia materna como si está con lactancia artificial. Es posible que se os entregue alguna hoja informativa de apoyo en la que, entre otras cosas, ponga que hay que darle la teta cada x horas o, en el caso del biberón, n mililitros cada x horas. Recordad: eso es únicamente orientativo y para que tengáis una idea de por dónde comenzar y cómo. Si no lo habéis hecho ya, en breve seréis capaces de reconocer las señales que Janis os dé cuando tenga hambre, y seguirlas, adecuándose a ellas, será la mejor guía de alimentación con la que podréis contar esos primeros meses. Dejar a un bebé con hambre, algo que no suele suceder, es malo; pretender que coma cuando no lo necesita, es peor.

Preguntad todas las dudas que tengáis al respecto y no olvidéis que la variabilidad en las tomas, tanto en su frecuencia como en su cantidad, es extremadamente amplia dentro de los márgenes de la normalidad, y que, en última instancia, lo que determinará si su alimentación es la adecuada será su desarrollo, no cuánto o cuándo come. En ocasiones es difícil llegar a asumir esto y las presiones externas de familiares y allegados (ejem) no ayudan. Soy consciente, pero dadnos un voto de confianza, porque una de las cosas que más inquietud nos provoca a los profesionales es ver cómo un bebé no progresa adecuadamente.

3. **Me recomendarán que vuelva a la siguiente visita:**
    a. Variable, según lo que hayan podido ver en esa primera cita.
    b. A nuestra bola.
    c. Según lo establecido en el Protocolo de Actividades Preventivas en la Edad Pediátrica.

d. Ni se sabe. ¡La sanidad está fatal!

Correcta: a. A pesar de que las visitas de control que hay que hacer a todos los niños vienen determinadas en el Protocolo de Actividades Preventivas en la Edad Pediátrica de cada comunidad autónoma, consensuado entre las sociedades de pediatría y los órganos reguladores de la sanidad correspondientes, en última instancia quien determinará cuándo debe ser la siguiente visita de control al centro será vuestro equipo de pediatría. Es posible, y más después de la primera visita, que quede pendiente de valorar si la ganancia de peso es la adecuada o si alguno de esos mínimos defectos del nacimiento se va corrigiendo progresivamente; por cosas como estas puede ser que se os cite para una visita antes de lo previsto. Lo habitual es que se os informe de ello y, en cualquier caso, no dudéis en hacer todas las consultas que se os ocurran. No hay nada más angustiante que quedarse con la duda de si vuestro hijo está o no completamente sano, y a nosotros tampoco nos gusta veros salir de la consulta con la cara torcida.

Si al acabar la visita no se os ha facilitado esa próxima cita o la manera en que debéis pedirla, preguntad por ella. De todas formas, lo más probable es que ese día ya se os explique la cadencia de las siguientes.

4. ¿Debemos controlarle el peso en casa?
 a. Siempre durante los primeros 3 meses.
 b. En la farmacia, una vez por semana el primer mes.
 c. Nunca.
 d. Solo a petición de las abuelas.

Correcta: c. Afortunadamente, eso de comprar/alquilar una báscula para pesarlo en casa o lo de acudir puntualmente a la farmacia a pesarlo es una costumbre que cada vez está más en desuso. Tenemos que dar por sentado que un bebé sano gana lo que debe ganar, al igual que cualquier otra persona, y que del control de su peso se encarga el equipo de pediatría, especialmente el de enfermería. Por un lado, es (casi) imposible que un bebé al que vemos sano, tranquilo, que come con regularidad y que ensucia el pañal (aún con su persistente irregularidad) no gane peso o esté enfermo. Por otro lado, cada vez que lo llevéis a revisión se va a pesar, por lo que es muy poco probable que se pase por alto alguna desviación en ese sentido, y será el propio equipo de pediatría el que os indique una próxima cita para controlar el peso en el caso de detectarse alguna anomalía. Pero posiblemente lo que hace que pesarlos en casa sea una mala práctica es que el pesado del bebé es una técnica, que hace personal cualificado, que requiere de una máquina de precisión (la báscula) que es necesario calibrar periódicamente y cuya interpretación va más allá del «ha ganado tanto o cuanto», ya que, partiendo de un estándar dependiente de la edad, la ganancia ponderal viene influida por diversos factores individuales. Por consiguiente, detalles técnicos aparte y más allá de la experiencia del explorador, lo que cuenta no es la cifra del peso que nos ofrece la medición, sino la interpretación de esta. Ahora vas y me dices que todo eso lo tenéis controlado en casa…

Pesarlos en el domicilio (o en la farmacia) no es más que una posible fuente de inquietud por una responsabilidad añadida que no toca. He visto padres traerme gráficos de hojas de cálculo con mediciones de peso varias veces al día y, entre lágrimas, decirme que su pequeño estaba fatal, cuando echando un vistazo a un par de esos pesos cualquier pediatra podía afirmar que la curva de peso era de lo más satisfactoria.

No os lieis, y si alguna abuela o cuñado os dice que pesarla en casa es imprescindible, le contestáis que ahora lo moderno es pesarlos por internet y os quedáis tan anchos.

5. Y si le pasa algo raro, ¿vamos a Urgencias?
   a. Lo que diga Puri la del 3.º, que ha tenido cinco críos y tiene mucho ojo para estas cosas.
   b. No lo dudéis: a la mínima, al hospital.
   c. Ahí, cuanto menos, mejor.
   d. El hospital no atiende a recién nacidos.

Correcta: c. Cualquier servicio sanitario de urgencias está capacitado para ofrecer, como mínimo, una primera atención a un recién nacido enfermo. Esa es una buena noticia, pero tengo una mejor: los recién nacidos sin patología subyacente (es decir, sanos en principio) y, en general, los bebés hasta los 4-6 meses se ponen mucho menos enfermos que los niños más mayorcitos; esto es gracias a las defensas propias de la madre que le ha ido pasando a través de la placenta durante el embarazo, que se acoplan en el cuerpo del bebé y que, por tanto, les protegen durante ese espacio de tiempo, evitando que cojan las infecciones más propias de la infancia: catarros, diarreas... Ahora viene la mala noticia: habitualmente, cuando están enfermos, si lo están de verdad, la cosa suele ser grave. Por un lado, porque esa inmunidad pasiva que le transmite la madre no cubre todo tipo de infecciones; por otro, porque poco a poco va caducando, y, por último y más determinante, porque el sistema inmunitario del recién nacido está todavía en periodo de formación y esa relativa inmadurez lo hace más vulnerable.

Otra cosa a tener en cuenta es la correspondencia que haya entre la percepción de enfermedad que vosotros tengáis y la realidad. Es absolutamente comprensible, más en el caso de primerizos, que al primer desajuste se viva la situación como fruto de una enfermedad; por ejemplo, pensar que una crisis de tos por una simple irritación nasal es un catarro (o algo peor) o que unas deposiciones más líquidas de lo habitual son una diarrea, cuando las cacas del recién nacido son muy frecuentes y líquidas de forma habitual.

Mi consejo es que si la duda os surge en un horario en el que vuestro centro de salud está abierto, la primera consulta la hagáis ahí; si en esa franja horaria está vuestro pediatra o enfermera, ellos podrán hacer una primera valoración de la situación y ver su alcance. De no ser así, cualquier otro miembro del equipo de pediatría puede hacer esa aproximación.

Ir al hospital a las primeras de cambio, a no ser que estéis seguros de que vuestro bebé está realmente mal, no acostumbra a ser buena idea. Los tiempos de espera para ser atendidos en los hospitales suelen ser más prolongados que en Atención Primaria y deberéis pasar ese rato en una sala de espera, por lo general, llena de niños, algunos de ellos con enfermedades transmisibles que pueden contagiar a vuestro bebé. Por este motivo, salvo que tengáis la impresión de una enfermedad seria y fuera del horario de apertura de vuestro CAP, cuanto menos frecuentéis las salas de espera hospitalarias, mejor que mejor.

Olvidaos de pedir consejo a amigos y familiares. A Janis nadie la conoce mejor que vosotros y podría darse el caso de que cualquier recomendación que os den, con la mejor intención del mundo, llegara a ser contraproducente.

Os dejo una breve guía de algunas señales que nos pueden indicar que un recién nacido está enfermo «de verdad»; por supuesto, hay más signos que los aquí descritos, pero estos suelen ser los que aparecen con más frecuencia:

- *Dificultad respiratoria*: el hecho de que el bebé tosa o estornude no tiene por qué ser síntoma de estar pasando un proceso grave o de que se esté ahogando. Los estornudos suelen responder a una patología banal y casi siempre se explican por irritaciones locales de la nariz. Recordemos que normalmente no se resfrían. La tos, por sí sola, tampoco debe asustarnos. La consideraremos «peligrosa» cuando sea muy repetitiva y en accesos que se vayan encadenando, cuando al toser el bebé emita algún sonido particular (tos de perro, tos de gallo), cuando sea tan intensa que le dificulte la alimentación o el sueño o cuando esos accesos de tos provoquen que se ponga morado. Independientemente de esto, son señales de dificultad respiratoria el hecho de que el bebé, para poder respirar, se ayude de musculatura que no emplea habitualmente y veamos que a cada respiración se le marca un surco entre las costillas, se le hunde la piel que hay por encima de las clavículas o se le abomba el abdomen debido a la fuerza que tiene que hacer para contribuir a la entrada de aire.
- *Mocos*: ya hemos dicho que los recién nacidos no se resfrían de la misma manera y con igual frecuencia que los niños más mayores. De tener mocos, estos suelen ser claros y no les dificultan la respiración. Pueden ser causa de irritaciones locales o de un catarrito leve. Si no

hay ningún otro síntoma asociado, los lavados nasales serán suficientes.

- *Diarrea*: las deposiciones de los recién nacidos son muy variables, tanto en aspecto como en frecuencia y consistencia; tan normal es que haga una caca líquida de forma explosiva cada 4 horas, como que la haga consistente una vez cada 4 días. Eso es debido a que se está conformando su microbiota (anteriormente conocida como «flora intestinal») y al ser la gran responsable del aspecto y la frecuencia de las deposiciones, estas van variando hasta que el tema queda definitivamente consolidado, algo que puede tardar meses en suceder. Consideraremos que un recién nacido tiene diarrea cuando, sea cual sea la cadencia con la que hace las deposiciones, estas se vuelven mucho más frecuentes y son de aspecto líquido. Si además tienen restos de sangre o sustancias mucosas, ya no hay duda. El gran riesgo de las diarreas en los bebés es la facilidad con la que se pueden deshidratar, así que si vemos que está especialmente cagoncete, toca acercarse a la consulta a preguntar.

- *Vómitos*: uno de esos órganos que los recién nacidos no tienen bien acabado de forma natural es la válvula que cierra el estómago para que la leche no vuelva a subir hacia arriba. Ese defectillo es el responsable de que los recién nacidos —algunos más que otros— vayan sacando leche por la boca, en ocasiones casi constantemente: al sentarlos, al cambiarlos de posición, al eructar... Algunos, pobrecitos, van siempre hechos unos zorros (con perdón). A eso no lo consideramos vómitos, lo llamamos «regurgitaciones», y a no ser que sean exageradísimas, las consideraremos normales y estaremos pendientes de que se resuelvan por sí solas con el paso del tiempo. Un vómito es la expulsión de una cantidad considerable de leche de forma violenta, precedida o no de náuseas, y que por lo general no se producen de forma aislada, sino que se van encadenando. En el supuesto de que aparezcan uno o dos, no hay que hacer nada en especial, simplemente encender la luz ámbar de alerta por ver cómo sigue la cosa. Si aumenta en aparatosidad, entonces sí requiere consulta, ya que al igual que con las diarreas, el riesgo está en la posible deshidratación.

• *Llanto inconsolable*: la única vía de comunicación que tienen los recién nacidos con nosotros es el llanto. No están ni para echar una sonrisa después de que se les cambie el pañal. Por tanto, cualquier cosa que les cause la más mínima sensación de malestar probablemente generará una crisis de llanto: hambre, calor o un pedete atravesado. Lo normal es que, una vez atendida su demanda, o, en el caso del pedete, que la naturaleza haya seguido su cauce (nunca mejor dicho), el llanto ceda. Otra cosa muy distinta es que el bebé se pase horas llorando y no lo podamos calmar ni dándole de comer, ni cambiándole el pañal, ni arrullándolo. Es muy posible que le duela algo y altamente probable que esté iniciando los cólicos del lactante, pero eso será el pediatra quien os lo diga y cualquier crisis de llanto inconsolable de una duración considerable será tributaria de valoración.

• *Fiebre*: los bebés por debajo de los 3 meses no es normal que tengan fiebre, hasta el punto de que en muchos centros hospitalarios se les tiene en observación hasta que la causa está clara. Por encima de los 3 meses y hasta los 6-7 meses ya es más normal que la puedan tener, pero no suele ser alta. Si por alguna de aquellas casualidades Janis tiene fiebre antes de cumplir los 3 meses, debéis acudir sin demasiado retraso a un centro sanitario. Lo mismo os digo si le aparece a partir de los 3 meses y es una fiebre alta y difícil de controlar con los antitérmicos habituales. Tranquis, más adelante hablaremos de eso.

No es, por supuesto, la guía más completa del mundo de patología del recién nacido, pero espero que las indicaciones y los «truquis» puedan ser de ayuda.

6. ¿Y las vacunas _pa_ cuándo?
    a. De momento, nada.
    b. Empezaremos a los 2 meses.
    c. ¿«Vacuna» viene de «vaca»?
    d. Todas las anteriores son ciertas.

Correcta: d. ¡Cierto! «Vacuna» viene de «vaca» ya que las primeras investigaciones que hizo Edward Jenner, el padre de las vacunas, las llevó a cabo en una granja de vacas. Anécdotas históricas aparte, también es cierto que las primeras vacunas se las empezaremos a aplicar a Janis a partir de los 2 meses, y como hay diversas consideraciones sobre el asunto, que iremos viendo progresivamente para no saturaros de información en la primera visita al centro, el tema de las vacunas se suele dejar para alguna de las citas posteriores, donde, con más calma, se puedan abordar todas las cuestiones y dudas que os surjan. No debéis quedaros con ninguna incertidumbre al respecto. Las vacunas son el avance de la medicina que más vidas ha salvado y más ha contribuido a mejorar la calidad de vida, tanto por las enfermedades que evita como por las secuelas derivadas que previene. Todos los pediatras somos amantes de las vacunas, entre otras cosas porque hemos visto las ventajas de ponerlas y las tremendas consecuencias que acarrea el no hacerlo. Los más jóvenes es posible que no hayan visto enfermedades antaño tan frecuentes como el sarampión o la rubéola; los más mayores (llamémosles séniors) tenemos casi olvidadas otras que acababan con la vida de nuestros niños o les dejaban tremendas secuelas de por vida, como la poliomielitis o la difteria.

No dejéis que ciertos altavoces mediáticos os creen dudas al respecto; la mayoría de ellos parten de algún lobby con intereses económicos ocultos. Aquí, más que nunca, ante cualquier duda, preguntad.

Un detallito final al respecto: algunas no están financiadas por el sistema público de salud y es muy posible que os adviertan de ello ya que tendréis que ir a la oficina de farmacia a comprarlas. Avisados estáis. Seguiremos hablando de vacunas...

7. ¿Nos dejamos algo?

a. Cerrar la puerta al salir.
b. Vestir a Janis antes de marchar.
c. Preguntar por el funcionamiento del centro.
d. Todo lo anterior es cierto.

Correcta: d. ¡Efectivamente!, todo lo anterior es cierto. Pero es de especial interés que preguntéis e interioricéis cuál es el funcionamiento del equipo de pediatría de vuestro CAP ya que podría no ser igual al de medicina de familia que os atiende a vosotros. Debido básicamente a las características de la población y a los recursos humanos disponibles, la actividad de los diferentes equipos puede ser muy dispar entre sí. Es de interés saber el horario de vuestro equipo de pediatría, pero también la disponibilidad para pedir citas que no sean de revisión, la manera de pedir y gestionar visitas, el horario del centro, saber si se atienden urgencias, si los fines de semana está abierto, si hay más equipos de pediatría o en qué casos debéis pedir hora para enfermería o para pediatría. Son detallitos aparentemente sin importancia, pero, llegado el momento en que pudierais necesitarlo, ya estaréis informados.

A menudo nos ocurre que aparecéis por la consulta felices y contentos, dispuestos a hacer una nueva revisión a vuestro pequeñín después de haberla pedido hace tiempo y que en la agenda constéis como una visita «normal»; creedme, en ese momento, por duración de la cita y por otros múltiples motivos, es imposible de solucionar, y, creedme también, nuestra frustración en ese instante está aproximadamente al nivel de la vuestra cuando os tenemos que comunicar que es imposible llevar a cabo esa visita justo entonces.

En la mayor parte de los centros esa información figura por escrito y se os entrega en la primera visita. Ponedla junto al carnet de salud y así la tendréis siempre a mano. Es información de servicio.

7

Todo aquello que es normal en un bebé y no lo parece

Ha llegado a casa una máquina de precisión de las más perfeccionadas que existen, pero debéis tener en cuenta que en muchos aspectos está en un proceso de mejora para conseguir obtener los mejores resultados en el futuro. La consecuencia de eso es que, independientemente de todos los hitos del desarrollo psicomotor que se irán superando, hay algunas cosillas que se consideran normales en los recién nacidos y en los bebés de corta edad y que, si no las conocéis, os podrían parecer anómalas. Algunas están presentes en casi todos los bebés, otras, solo en algunos. La mayor parte no son más que variantes de la normalidad, mientras que otras son hallazgos con poco significado patológico, pero que el pediatra debe ir controlando hasta su normalización. En esta última categoría incluiríamos esos soplos del corazón que no representan más que una falta de maduración y que suelen solventarse los primeros días de vida, pero debemos cerciorarnos de que eso realmente es así. No os asustéis cuando os hagan mención de ello y pedid todas las aclaraciones que consideréis necesarias.

Ahora os toca a vosotros demostrar cuánto sabéis, o no, de algunas de esas nimiedades. ¡Vamos allá!

1. La ictericia del recién nacido:
   a. Es un tinte amarillento que desaparece a los 3 días de vida.
   b. Se considera normal hasta los 6 meses.

    c. Se previene con la lactancia materna.
    d. La lactancia materna puede incrementarla.

Correcta: d. La ictericia es ese tinte amarillento que adquiere la piel y la conjuntiva de los ojos en algunas enfermedades, especialmente del hígado. Su presencia suele ser casi siempre síntoma de una enfermedad, salvo en el periodo neonatal, en que la consideramos tan normal que la denominamos «ictericia fisiológica del recién nacido». Los médicos denominamos «fisiológico» a aquello que consideramos normal, somos así con la terminología.

Esa ictericia se debe a diversos factores, pero básicamente a la destrucción de los glóbulos rojos que han pasado en exceso antes o durante el parto a través de la placenta. Esto provoca que se machaquen liberando una sustancia denominada «bilirrubina» (sí, la de la cancioncita), que es la causante de esa pigmentación. Cuanto más coloradote esté vuestro bebé en el momento del nacimiento, más posibilidades tendrá de presentar ictericia fisiológica. Suele aparecer transcurridas las primeras 24 horas de vida, de hacerlo antes se considera patológica y desaparece durante los primeros días de vida, pero no es raro que se alargue más allá de una semana. No hay un plazo fijo para su desaparición, aunque lo que sí tiene valor es observar cómo ese tinte amarillento va menguando de forma progresiva. El peligro de que esos niveles sean demasiado elevados está en que puede acumularse en zonas del cerebro afectando a su posterior desarrollo normal. Es por este motivo que si en la primera consulta se detecta que el nivel de bilirrubina puede ser excesivamente elevado, os recomienden acudir de forma progresiva para constatar su disminución. En ningún caso se considera normal que transcurridos los primeros días de vida esos niveles permanezcan estables o vayan en aumento.

Hay diversos factores que favorecen su aparición o la perpetúan: la prematuridad, la edad materna avanzada, la diabetes gestacional o la lactancia materna. Se ha constatado que, sin llegar en ningún caso a niveles de bilirrubina en sangre peligrosos, el hecho de amamantar al bebé puede producir que se prolongue incluso durante semanas.

2. Un recién nacido pierde peso:
   a. De forma habitual.
   b. Únicamente cuando está enfermo.
   c. En partos gemelares.
   d. Cuando toma biberones.

Correcta: a. Todos los recién nacidos, independientemente del tipo de parto que hayan tenido o de la alimentación que se les dé, presentan una pérdida de peso normal (es decir, fisiológica [esta ya os la sabéis]). Esto se debe a que nacen con un exceso de líquidos que van eliminando durante las primeras horas de vida, y también a que destruyen parte de su grasa para convertirla en energía.

Esta pérdida se estima normal cuando está por debajo del 10 % del peso al nacer (habitualmente, entre un 5 y un 8 %), es máxima a los 2 o 3 días de vida y a partir de ahí se va recuperando hasta alcanzar el peso que se determinó en la sala de partos alrededor del día 10. Es muy frecuente que cuando acudís a la primera visita ese peso ya se haya recuperado o esté a punto de hacerlo. Salvo raras excepciones, no es un tema que nos preocupe en exceso a los pediatras en cualquier bebé que, por lo demás, vemos normal; lo más habitual es que se os cite a consulta en un par o tres de días para comprobar que ese peso ha alcanzado un valor normal. De poco sirve tener una báscula en casa para pesarlo constantemente ya que las condiciones pueden ser muy variables y llevarnos a resultados engañosos; esto lo único que hace es generar una angustia en la familia que siempre es contraproducente, más aún cuando se está alimentando con lactancia materna. Acudir a pesarlo cuando se os indique es la manera mejor y más práctica para controlar los incrementos de peso. Nada de alquilar ni mucho menos comprar básculas para tenerlas en casa, son un engorro y pueden llevar a la desesperación. Es la tercera vez que lo digo, pero en la consulta sigo viendo papis que me hablan de básculas caseras.

3. Los restos del cordón umbilical:
   a. Es preciso cortarlos progresivamente.
   b. Debemos curarlos con alcohol varias veces al día.
   c. Con mantener su higiene es suficiente.
   d. Es de buen padre hacerse un llavero con la pinza umbilical.

Correcta: c. Independientemente del significado que tenga para ti llevar las llaves de tu flamante y nuevo coche familiar en un llavero confeccionado con la pinza del cordón umbilical de Janis, que ahí no me meto, debes saber algunas cosas al respecto. El resto del cordón umbilical es un mamelón de tejido muerto que tiene cierta propensión a infectarse; por este motivo, durante mucho tiempo se ha debatido sobre cuáles son las mejores curas y cuidados para esa zona. Después de arduas disquisiciones, se ha llegado a la conclusión de que la manera más eficaz y segura de hacerlo es lavarla con agua y jabón un par de veces al día y secarla completamente para que no queden en ella restos de humedad. Algunos de los antisépticos que se han venido utilizando con regularidad se ha demostrado que no son adecuados, y el empleo de alcohol podría ser contraproducente ya que la piel inmadura del recién nacido tiene la capacidad de absorberlo, lo que puede comportar una borrachera transcutánea de riesgos impredecibles. Y no, el resultado no será que Janis se ponga «contentilla», sino que llorará desconsoladamente sintiéndose extraña. Tan solo cuando se os indique, por la circunstancia que sea, emplearéis algo más que agua y jabón.

Asimismo, en esos restos del cordón umbilical a veces queda un bulto de aspecto blanquecino y poco estético que denominamos «granuloma umbilical»; lo curamos echándole encima cantidades ingentes de sal de mesa. Si vuestro pediatra os lo recomienda, no penséis que tiene un mal día o que está pensando en un bacalao a la vizcaína, es que la cosa es así.

4. Los reflejos del recién nacido:
   a. Son unos movimientos con poco sentido que hace de manera espontánea.
   b. Son una prueba de su sagacidad.
   c. Deben haber desaparecido al mes de vida.
   d. Todo lo anterior es cierto.

Correcta: a. Los reflejos del recién nacido son movimientos que están presentes en todos los bebés normales y que deben ir desapareciendo a lo largo del tiempo. Algunos de ellos le sirven para su supervivencia, otros no tienen demasiado sentido, son vestigios arcaicos con los que nacemos. Pueden responder a diversos estímulos que en muchas ocasiones no son lo que *a priori* uno pudiera imaginar y, por supuesto, poco tienen que ver con la habilidad o la sagacidad del bebé. Vamos a repasar algunos de ellos para que, llegado el momento, que llegará, si los veis, no os llamen la atención, sepáis identificarlos y comprendáis su significado, caso de tenerlo:

- *Reflejo de succión*: al acercarle cualquier cosa a la boca, el bebé siempre tiende a succionarla cuando entra en contacto con sus labios. Está claro que es un reflejo directamente relacionado con la alimentación y, por tanto, con la subsistencia. Nada tiene que ver con el hambre, pues lo repetirá una y otra vez siempre que le pongamos algo en la boca.
- *Reflejo de Moro*: seguro que habréis visto que el pediatra siempre lo valora y consiste en lo siguiente: partiendo de la posición de sentado, cuando dejamos caer el bebé hacia atrás, hace una extensión de sus extremidades seguida de una flexión de estas, e inmediatamente rompe a llorar. Es probable que se trate de un reflejo arcaico de protección frente a las caídas que de poco les sirve en nuestros días. A nosotros, sin embargo, su presencia y su posterior desaparición nos es de gran ayuda para valorar la evolución del bebé.
- *Reflejo de la marcha*: este a los papás os encanta. Cuando ponemos al bebé en posición de caminar, el contacto de sus plantas con la superficie de apoyo le provoca unos pasos tan groseros como divertidos. Tranquilos, no es un bebé precoz, pues al tercer o cuarto mes dejará de hacerlo y caminará cuando llegue su momento.
- *Reflejo de prensión*: cuando colocamos algo en la palma de su mano, tiende a agarrarlo. No queda claro si es la primera manifestación de la avaricia, pero está presente en todos.

- *Mioclonías*: son movimientos repetitivos relativamente rápidos de partes del cuerpo que pueden o no aparecer en respuesta a algún estímulo. Uno muy llamativo es el que hacen agitando la mandíbula a modo de tembleque y que puede llevarnos a pensar que tienen frío. No tiene nada que ver con eso, y por más que los abriguemos, cuando le dé por dispararse, lo repetirán.

Por supuesto que hay muchos más, pero los que hemos indicado son algunos de los más frecuentes y llamativos. Asimismo, pueden orientaros a no tomar conductas inadecuadas por el hecho de malinterpretarlos. Para el pediatra, tanto valor tiene su presencia como su desaparición en el momento adecuado, que será específico para cada uno de ellos.

5. Desde hace unos días, Janis llora como una posesa a partir de media tarde:
   a. De pequeños nunca lloran.
   b. Con ese llanto se le están rajando las entrañas, fijo.
   c. Tampoco pasa nada, dejar que llore es bueno.
   d. Son los cólicos del lactante, seguro.

Correcta: d. A los que habéis marcado la a siento desanimaros: los bebés lloran, en ocasiones mucho, en otras muchísimo. Es una de las pocas maneras que tienen de expresarse. A los que habéis marcado la c lamento tener que llevaros la contraria. Posiblemente en algún momento hayáis oído que dejar llorar a los bebés es bueno porque así se curten y no se acostumbran a los brazos, pero nada más lejos de la realidad: dejarlos llorar les crea una sensación de inseguridad e inestabilidad cuyo efecto es que tiendan más al llanto frente a cualquier situación. Calmar a un bebé cuando llora, que es a lo que nos lleva nuestro instinto, es la conducta adecuada y lo tranquilizará no solo en ese momento sino de ahí en adelante. Los bebés no se acostumbran a los brazos; cuando reclaman nuestra atención, pretenden que se la prestemos, y cuanto más lo hagamos, más contentos los tendremos, lo cual es un valor de cara al futuro.

Los cólicos del lactante son un proceso que puede aparecer durante las primeras semanas de vida y que suele ceder sobre los 3 meses, por eso también se les llama «cólicos del primer trimestre». Lo cierto es que no sabemos muy bien cuál es su causa, probablemente sea una mezcla de varias, entre las cuales la inmadurez de su sistema intestinal juega un papel importante. Para entendernos, el intestino no está demasiado bien coordinado consigo mismo y cuando una parte empuja el alimento o los gases hacia abajo, otra lo hace hacia arriba, con la consiguiente molestia que eso genera, desencadenando el llanto. Tampoco se sabe exactamente por qué, pero suelen aparecer a media tarde y en ocasiones se prolongan hasta bien entrada la noche. La mejor solución —y puede que la única— es coger al bebé en brazos, pasearlo un poco y hacerle masajes suaves en la barriga. Ni mucho menos es infalible, pero ayuda, y en momentos así cualquier ayuda es poca.

Suelen repetirse un día tras otro, sin prolongarse demasiado, y desaparecen cuando menos lo esperamos. Pasados unos meses, a no ser que la cosa haya sido tremenda, os habréis olvidado de ellos.

6. Le hemos visto uno o varios agujeros en la cabeza. ¿Y ahora qué?

a. Revisad si está en garantía.

b. Eso es la fontanela.

c. Totalmente anómalo.

d. Hasta tres es normal.

Correcta: b. Para permitir el normal crecimiento de la estructura ósea de la cabeza del bebé (el cráneo), los diversos huesos que la componen están separados entre sí; por este motivo, cuando pasamos la mano por su cabeza podemos notar a lo largo de ella unas líneas que son las zonas de unión y que llamamos «suturas». Ahí donde se deben unir más de dos huesos quedan unos pequeños orificios fácilmente palpables y que nos ha dado por llamarlos «fontanelas». Hay dos: una pequeña en la parte media de la zona occipital (cogote), que no siempre es posible palpar ya que puede estar cerrada al nacimiento y que desaparece antes de los 2 meses, y otra, la que palpamos en todos los recién nacidos y bebés, que está en la parte anterior de la zona media del cráneo. El cierre de esa fontanela es muy variable, pero consideramos normal que esté abierta hasta incluso más allá de los 18 meses; podemos palparla o incluso, cuando el bebé está en reposo, verla latir, ya que tiene muchos vasos sanguíneos y va al ritmo de la circulación. Está constituida por un material cartilaginoso muy resistente y podemos tocarla con toda tranquilidad sin miedo a hundirla.

No es ningún defecto, sino que es algo que debe estar ahí de forma normal. A lo sumo hay dos, y en caso de encontrarle más, acudid al servicio de asistencia técnica, garantía en mano.

7. Pues fuimos a ver al primo de Janis, que acaba de nacer, y nos comentaron que tenía fimosis. ¡Pobre! Tan pequeño...:

a. Bien hecho, siempre hay que ir cuanto antes a visitar a los nuevos miembros de la familia.

b. Tendrán que meterlo en el quirófano cuanto antes.

c. «Fimosis» y «recién nacido» son términos incompatibles.

d. Hay que preguntar en la próxima visita si Janis también la tiene.

Correcta: c. La fimosis es un proceso en el cual la abertura del prepucio (el pellejito del pene) no deja salir de forma libre al glande (la cabeza de este). Es algo que valoramos en los niños a partir de los 3 o 4 años ya que hasta entonces se considera normal que ese orificio sea más estrecho. Por otra parte, los recién nacidos tienen la parte interior del prepucio adherida de forma natural al glande. Si pretendemos retirar la piel del prepucio de manera precoz es posible que provoquemos pequeñas heridas, prácticamente invisibles, que comprometerán su elasticidad y en un futuro no funcionará de forma adecuada. Moraleja: hasta que el niño no tenga 3 años no hay que empezar a valorar eso y mucho menos a manipular la zona. A partir de ese momento se puede empezar a valorar la posibilidad de establecer un tratamiento que, habitualmente, empieza por la aplicación de una crema que incrementa la elasticidad de esa piel aparentemente estrecha.

Si has respondido la a, cópiame cien veces en la pizarra: «No hay que ir a visitar a los recién nacidos ni al hospital ni a su casa durante los primeros cinco años». ¡Vale!, es un poco exagerado, pero es por si así os queda claro.

8. Me he dado cuenta de que a veces mira bizca:

a. Es un tema preocupante. Pediremos hora con pediatría cuanto antes.

b. Es raro, pero no preocupante. Lo comentaremos en la siguiente revisión.

c. Mejor no mirarla; cuanto más lo hacemos, más cosas le vemos.

d. Normal como la vida misma.

Correcta: d. Ese bizqueo es lo que denominamos «estrabismo» y es normal durante los primeros meses de vida; concretamente, hasta los 6 meses. No lo será si es constante en el mismo ojo, por lo que merece una consulta. Tampoco es normal que persista más allá de esos primeros meses. Si tenemos dudas sobre si Janis bizquea, un buen truquillo para averiguarlo es hacerle fotos con flash desde una cierta distancia y observar la manera en que la luz se refleja en sus pupilas. Si nos traéis esas imágenes, siempre nos serán de ayuda para poder hacer una mejor valoración. Así que de las 14.329 fotos que le vais a hacer durante los primeros meses, traednos las últimas que tengáis hechas con flash y les echaremos un vistazo para salir de dudas. Gracias.

Ese bizqueo de los primeros meses se debe a la inmadurez de la musculatura encargada de la motilidad ocular que aún no es capaz de coordinar ambos ojos de manera simétrica. Como su visión todavía está en desarrollo, no le afecta para nada, por eso lo consideramos normal los primeros meses, pero si persiste a partir de ahí, entonces nos preocupa.

9. **La vuelvo a mirar y, ¡zas!, ahora le veo la cabeza aplanada por el cogote:**
   a. Mal asunto, el cerebro también se le aplanará.
   b. Clavadita a Paco, ningún problema.
   c. Puede que sea normal durante una temporada.
   d. O lo arreglamos ya o acabará por decir que la Tierra es plana.

Correcta: c. A pesar de que la forma del cráneo, como muchas otras cosas, venga genéticamente determinada y que Janis acabe teniendo una cabeza como la de su padre, es habitual que durante los primeros meses algunos bebés presenten un aplanamiento en la parte posterior de la cabeza, o incluso que sea más plana de un lado que de otro. Es lo que vulgarmente denominamos «plagiocefalia». Esta asimetría se debe a la capacidad que tienen los huesos del cráneo durante esa época para adaptarse a la presión, permitiendo así el aumento de tamaño del cerebro por la fuerza que ejerce sobre ellos. Si el bebé está muchas horas acostado boca arriba, la propia presión que ejerce su cabeza contra la superficie de la cama será la causante de que esa parte se vaya aplanando progresivamente. Lo mismo sucede cuando tienen tendencia a dormir con la cara siempre girada hacia un lado; esto hace que ese lado de la cabeza se les vaya aplanando y condiciona que cada vez estén más cómodos en esa posición. La típica pescadilla que se muerde la cola.

Para evitarlo, lo más fácil es que, llegado el momento en que se empiezan a ver esos aplanamientos, intentemos evitar que esté tanto tiempo acostada o, cuando aparezcan en un lateral, forzarla sutilmente para que descanse mirando hacia el otro lado.

Si no acaba de solucionarse y/o hubiera alguna anomalía que lo provocara (por ejemplo, algunas alteraciones de la musculatura cervical), hay varias intervenciones específicas que podrán arreglarlo. Aquí tenemos solución para todo.

Resumiendo: esos aplanamientos son normales, pero debemos procurar corregirlos. Si se perpetúan en el tiempo, generalmente más allá de los 12 o 15 meses, pueden acabar modificando la forma definitiva del cráneo, algo que generará un defecto estético, pero en ningún caso neurológico. Mira, si no, lo espabilado que es Paco.

10. Tiene una mancha morada por encima del culo:
   a. Es la mancha azul.
   b. Es la mancha mongólica.
   c. Es la mancha de Baltz.
   d. Todas las anteriores son correctas.

Correcta: d. Esa mancha de color azulado que le veis por encima del culo (zona lumbar) es muy frecuente en los recién nacidos. Se denomina mancha de Baltz, mancha mongólica o, sencillamente, mancha azul. No tiene ningún significado clínico ni representa problema alguno. En ocasiones va más allá de esa zona, pudiendo aparecer por toda la espalda, hasta incluso detrás de los hombros. A pesar de la denominación «mongólica», no tiene nada que ver en absoluto con el síndrome de Down, y es por eso que preferimos identificarla con cualquiera de sus otros nombres. Es sencillamente porque los bebés nacidos en la región de Mongolia la tienen prácticamente todos.

Una vez reconocida como tal, no es necesario hacer nada, e irá desapareciendo poco a poco con el tiempo, independientemente de su tamaño y su localización. No hay una regla de tiempo más o menos fija, pero al final se va siempre.

8

Las primeras vacunas
(y Paco que llega tarde)

Van transcurriendo los días, las semanas, los meses... El tiempo vuela, pero afortunadamente cada vez estáis más familiarizados con el manejo de Janis. Ya sois capaces de saber puntualmente cuándo tiene hambre, cómo se siente más cómoda en la cuna y qué manera particular tiene de deciros que el pañal está a rebosar de sus cositas. Llega la revisión de los 2 meses y, como ya os habrán advertido, le empezaremos a administrar las primeras vacunas. Es normal que os sintáis un poco tensos, pero tened en mente que más allá de eso que dice la OMS: «Las vacunas son la medida sanitaria que más vidas ha salvado después de la potabilización de las aguas», que no es poco, fijaos en que cientos de miles de niños de todo el mundo se vacunan a diario. Es muy posible que vosotros mismos os hayáis inmunizado de todo lo que vuestro pediatra en su momento os recomendó. Gracias a eso algunas enfermedades tan terribles y mortales como la viruela o la poliomielitis han sido erradicadas o están a punto de serlo. Algunas de las enfermedades que en mis tiempos de residente (tampoco hace tanto, ¡eh!) se denominaban «enfermedades propias de la infancia» y que incluso tenían su propio acrónimo (EPI), como el sarampión, las paperas, la rubéola, la varicela..., ahora son tan difíciles de ver que cuando aparece un caso lo habitual es avisar a los compañeros para que vengan a corroborarlo, y, cada vez con más frecuencia, siempre hay algún médico joven que confiesa no haber visto antes ningún caso.

El valor de las vacunas es incuestionable, son seguras, eficaces y su inclusión en los calendarios vacunales está ampliamente debatida y consensuada por sociedades científicas y expertos de las diversas administraciones para que los beneficios de aplicarlas siempre sean muy superiores a los escasos e hipotéticos riesgos. Además, han tenido que superar antes las estrictas normas de las diferentes agencias reguladoras correspondientes. Olvidaos de hacer caso de los que arremeten contra ellas; es absolutamente imposible que ciertos grupos que difunden informaciones falsas y bulos contra las vacunas estén más y mejor documentados que todos los comités de expertos del mundo, de la misma manera que es absolutamente imposible que la industria farmacéutica pueda influir en todos ellos de la misma manera. Cualquier grupo o individuo antivacunas tiene sus propios intereses para adoptar ese posicionamiento, que pueden ir desde el afán de notoriedad entre los que lo siguen hasta, por ejemplo, algún lucrativo negocio detrás de su postura. Manteneos alejados de ellos.

Como digo, es normal que tengáis vuestras dudas e incluso reticencias; por eso mismo, plantead al equipo de pediatría cualquier cuestión que os pueda surgir, pues en un tema tan estudiado como este (casi) todo tiene respuesta. Sí, correcto, he dicho «plantead» porque, siempre en la medida de vuestras posibilidades, nos encanta ver a los dos papás (o mamás) en la consulta. Pero no te apures: si Paco llega tarde, le daremos un margen de unos minutillos... ¡Bah! Somos así. Bueno, como os veo ansiosos por entrar en materia, vamos a ello.

1. ¿Qué es una vacuna?
   a. Una bacteria muerta.
   b. Un virus atontado.

c. Un medicamento biológico complejo.
d. Una cosa moderna pendiente de determinar.

Correcta: c. Una vacuna es una sustancia que habitualmente contiene algún producto derivado del microorganismo de la enfermedad que queremos prevenir y que, al administrarla, consigue que nuestro organismo genere defensas contra ese microorganismo de manera similar a como hubiera sucedido de haberse producido la infección, pero sin el riesgo de contraer la enfermedad como tal. Por tanto, podemos considerar la vacuna como un medicamento biológico de alta complejidad. Según la OMS, una vacuna es cualquier preparación destinada a generar inmunidad contra una enfermedad estimulando la producción de anticuerpos.

Algunas de ellas sirven para prevenir enfermedades víricas y pueden estar hechas con virus atenuados a los que se les ha extraído su potencial para enfermar y para contagiar, pero que, sin embargo, son capaces de generar inmunidad. Otras, las que previenen enfermedades bacterianas, siguen procesos parecidos e incluso más complejos para obtener resultados similares. En las últimas décadas, la investigación en este campo ha dado pasos de gigante: se ha conseguido inmunizaciones buscadas desde hacía años o vacunas en tiempo récord como la de la COVID. Sin embargo, sigue habiendo enfermedades transmisibles graves, como el VIH, frente a la que no ha sido posible desarrollar una vacuna hasta el momento.

Por supuesto, para ser unos buenos padres, no es necesario saberse toda esta chapa, pero convendréis conmigo que tampoco está de más tener claros algunos conceptos. Con que os quedéis con que ninguna de las vacunas que administramos a nuestros niños tiene la capacidad de producir la enfermedad que queremos prevenir me daría por satisfecho. ¡Ah!, y para los interesados en el tema quiero deciros que el inicio de las vacunas se data a finales del siglo xviii, cuando Edward Jenner empezó sus ensayos con la variolización, y todo ello sin tener en cuenta que, posiblemente, hace más de mil años algunos médicos chinos ya habían experimentado con eso mismo. No, modernas no son.

2. El calendario de vacunaciones:
   a. Es específico para cada niño.
   b. Es siempre de colores.
   c. Es inamovible a lo largo del tiempo.
   d. Es igual para todos los niños de la misma zona geográfica.

Correcta: d. ¡Vale! ¡Sí! De acuerdo en que la mayoría de las veces es de colores; se hace así para que las familias e incluso los profesionales hagan una mejor interpretación, pero, por supuesto, no es imprescindible que tenga este formato. El calendario vacunal es, por definición, el que se ha adoptado para todos los niños de una misma zona geográfica. En nuestro país, concretamente, este documento viene marcado por el órgano competente del Ministerio de Sanidad para todos los niños de España, eso facilita su aplicación en el territorio, asegura que se cumplan los mínimos exigidos y favorece la equidad. De todas formas (*Spain is different*), el hecho de que las competencias en temas de sanidad (entre ellas, la vacunación) estén transferidas a las comunidades autónomas hace que pueda haber pequeñas variaciones entre los calendarios de las diferentes regiones. Por tanto, el calendario es único para todos los niños de la misma autonomía, aunque puede variar en diversas circunstancias, siempre y cuando se cumplan los mínimos establecidos.

Esos calendarios no son estáticos, sino que, en función de la epidemiología de las diferentes enfermedades, la aparición de nuevas vacunas o el estado de inmunización de la población, pueden (y de hecho lo hacen) ir variando a lo largo del tiempo. Es bastante probable que ese calendario de vacunaciones que os aparece en el carnet de salud de Janis llegue a diferir considerablemente del que haya en el momento en que cumpla los 14 años y que sea absolutamente distinto del que se os aplicó a vosotros. No deja de ser una evidencia más de la regulación y la supervisión constante que se ejerce sobre el tema. Al principio puede parecer lioso, hay muchas vacunas y cuesta de asimilarlas todas, pero con el paso del tiempo veréis que es mucho más sencillo de lo que aparenta.

3. ¿Es obligatorio ponerle las vacunas?
   a. Sí.
   b. No.
   c. Algunas.
   d. Pues, como dirían los gallegos, depende.

Correcta: b. Salvo en circunstancias muy concretas, como podría ser la aparición de un brote epidémico de alguna enfermedad prevenible por vacunas en una zona geográfica específica (algo que sucede en contadas ocasiones y que en nuestro país hace años que no pasa), la administración de las vacunas no es obligatoria en ningún caso, ni nadie puede ser discriminado (más allá de en hipotéticos términos sanitarios) por no llevarlas. No son obligatorias ni para entrar a la guarde, ni para acceder al cole ni para ir de campamento. Otra cosa es tener claro que son absolutamente recomendables para esas situaciones y para cualquier otra. No perdamos de vista que la mayoría de las vacunas, además de proteger a nuestro hijo desde el momento en que se las administramos, protegen también a los de su alrededor, por lo que no dejan de ser un acto de solidaridad colectiva que contribuye a proteger a aquellos más vulnerables de nuestro entorno o a aquellos a los que por diferentes circunstancias no se les pueden administrar; pensemos, por ejemplo, en un compañero de clase con quimioterapia por cáncer en el que alguna vacuna está contraindicada: las vacunas de Janis también lo protegerán a él ya que cortan la cadena de transmisión de la enfermedad. Únicamente cuando la práctica totalidad de la población mundial ha sido vacunada frente a una enfermedad inmunoprevenible podemos erradicarla; lo cual ha sucedido ya con la viruela y está a punto de suceder con la poliomielitis.

En nuestro país, las vacunas no son obligatorias porque somos tierra de gente responsable y no es necesario que nos impongan la vacunación para tener una de las coberturas en vacunación infantil más altas del mundo. ¡Olé! Ni una duda al respecto.

4. ¿Existen vacunas más allá de las del calendario oficial de mi comunidad?

a. Sí.

b. No.

c. Solo en la Comunidad Autónoma de Andalucía.

d. De nuevo, como dirían los gallegos, depende.

Correcta: a. Sí, hay vacunas infantiles que están recomendadas por asociaciones pediátricas, como, por ejemplo, el Comité Asesor de Vacunas de la Asociación Española de Pediatría, pero que no están financiadas por el sistema público sanitario, por tanto, no son gratuitas, y las familias que las quieran administrar deberán adquirirlas en una oficina de farmacia. Son las que denominamos «vacunas recomendadas no financiadas». Esto, que podría parecer un contrasentido, tiene su lógica si consideramos que la financiación de las vacunas por el sistema público extrae sus recursos económicos (lo que llamamos vulgarmente «dineros») de los Presupuestos Generales del Estado, o de las distintas CC. AA., y como todos sabemos, y cada vez más, estos son limitados. Incluir una vacuna en la financiación pública supone aumentar esos presupuestos (ejem...) o dejar de hacer algunas acciones que ya se han emprendido para dedicar el dinero que cuestan a comprar vacunas, algo tan poco frecuente como poco viable. Por consiguiente, hay algunas vacunas que, en aras del beneficio de la protección individual de vuestros hijos, una vez demostrada su seguridad y eficacia y más allá de términos puramente económicos, se recomiendan de manera prácticamente universal en todas las consultas de pediatría. Es más, debido a las diferencias comentadas previamente, puede que algunas de esas vacunas estén financiadas en ciertas comunidades autónomas después de hacer caso a los pediatras, rascarse el bolsillo y financiarlas para todos los niños.

La Comunidad Autónoma de Andalucía tiene uno de los mejores calendarios vacunales de España, pero, por supuesto, no es la única en la que se recomiendan vacunas más allá de las que aparecen en su calendario oficial.

5. Las vacunas recomendadas no financiadas son para enfermedades:

a. Muy graves.

b. Muy frecuentes.

c. Muy graves y frecuentes.

d. Por tercera vez, como dirían los gallegos, depende.

Correcta: d. A la tercera va la vencida: la respuesta correcta es que depende de la vacuna a la que hagamos referencia. A continuación tenéis un somero resumen de las vacunas que os pueden recomendar para Janis en sus primeras citas en el ambulatorio; prestad atención, que va a examen fijo:

- *Rotavirus*: es un virus que afecta a la práctica totalidad de los lactantes, causándoles un cuadro de gastroenteritis (vómitos y diarreas) que suele ser grave, más aún cuanto más pequeño es el bebé. La mayor parte de los afectados acaban ingresando para evitar la... deshidratación (¡correcto!), lo que conlleva, más allá de su trastorno de salud, que los papás tengáis que estar pendientes de él en el hospital. En países con un índice de desarrollo humano elevado, como es el nuestro, la enfermedad no va más allá de lo explicado y el peque recibe el alta al cabo de unos días como si no le hubiera pasado nada. Su vida no corre riesgo y no le deja secuelas, cosa que no es así en otros lugares del mundo donde la enfermedad se cobra muchas vidas de bebés. Por tanto, en nuestro entorno recomendamos esa vacuna no porque la enfermedad sea especialmente grave, sino porque afecta a casi todos los bebés, y disponiendo de una herramienta segura y eficaz para prevenirla, tiene su lógica intentar evitarla.

- *Meningococo B*: los meningococos son un tipo de bacterias capaces de producir enfermedades graves; son la causa principal de meningitis e infecciones diseminadas por todo el organismo que denominamos «sepsis». Además, esas infecciones son más graves y tienen más incidencia en los grupos de edad menores. Por tanto, a diferencia de la enfermedad anterior, aquí no estamos frente a un proceso que sea muy frecuente, por fortuna, pero sí muy grave, capaz de producir la muerte en el 10 % de los que la padecen y dejar importantes secuelas de por vida a los que la superan. Dentro del grupo de los meningococos, el predominante en nuestro país es el tipo B; por tanto, los pediatras recomendamos una vacuna frente a ese organismo que, por supuesto, es segura y cuenta con una eficacia demostrada. En algunos países de nuestro entorno, como el Reino Unido, hace años que esta vacuna se está aplicando, y cada vez más comunidades autónomas de nuestro país la incluyen también en sus calendarios. Es, por consiguiente, otra de las vacunas que desde las consultas de pediatría se recomiendan a otros grupos de edad, más allá de los lactantes, para los que ya está financiada.
- *Meningococos ACWY*: esta vacuna sirve también para otros cuatro tipos de meningococos, no tan frecuentes en nuestro país como el B, pero con una clara tendencia al alza durante los últimos años. También hay países de nuestro entorno que la están empleando y algunas comunidades autónomas que igualmente la han incluido en sus calendarios. Está financiada en algunos grupos de edad, pero es también recomendable ponerla en otros. Para aclaraciones, vuestro equipo de pediatría, ¡siempre!

- *Gripe*: desde el Comité Asesor de Vacunas de la Asociación Española de Pediatría se recomienda la vacunación de la gripe a todos los bebés a partir de los 6 meses y hasta que cumplen los 5 años. La razón es que sabemos que la epidemia anual de gripe afecta a gran cantidad de niños y que muchos de ellos pueden enfermar de forma grave, llegando incluso a ser ingresados, sin necesidad de tener patología subyacente alguna. Por otra parte, es tan importante la cantidad de niños que se infectan que los consideramos uno de los motores de transmisión de la infección. Por tanto, vacunarlos es una medida de protección para ellos mismos, así como para sus convivientes y para la comunidad en general. Posiblemente vuestro equipo de pediatría os la recomiende, de modo que en el momento de valorar vuestra decisión tened en cuenta estos aspectos que os he expuesto. En la temporada 2023-2024, se financiará para el grupo de edad mencionado, pero es importante recordar que también en otros grupos puede ser beneficioso administrarla, tanto como medida de protección individual, como para todos los que están alrededor.

Cualquiera de esas vacunas es de interés para vuestros hijos, con independencia de si acuden a la guardería o del ambiente en el que se muevan. Valorad concienzudamente si os merece la pena ponérselas, pedir todas las aclaraciones que creáis convenientes a vuestro equipo de pediatría, y, en última instancia, siempre podéis pedir a sus padrinos que las incluyan dentro del paquete de regalos que tenían pensado haceros con motivo de su nacimiento. Ofrecerles el máximo de protección es una garantía que no se compensa con cualquier otra medida. Cuando se vayan haciendo mayores es posible que se os ofrezcan otras vacunas recomendadas pero no financiadas, y también que haya cambios en el calendario vacunal; pensad que todo aquello que le hayáis administrado le servirá de por vida.

6. ¿Es perjudicial poner varias vacunas a la vez?
   a. Sí.
   b. No.
   c. No es recomendable administrar más de dos de golpe.
   d. Hasta que no tienen cierta edad, mejor separarlas.

Correcta: b. Circula por ahí la falsa teoría de que administrar varias vacunas a la vez a un lactante podría ser perjudicial para su sistema inmunitario. Nada más lejos de la realidad. Tengamos en cuenta que un bebé, durante las primeras semanas de vida, está sometido a diario a miles de estímulos antigénicos nuevos, y todos a la vez, así, a lo loco. La administración simultánea de varias vacunas no solo no es perjudicial, sino que se ha demostrado que, aparte de ser eficaz, potencia las propiedades entre algunas de ellas sin tener por qué sumar sus hipotéticos efectos adversos. Es muy posible que en algunas de las visitas al pediatra a las que vayáis se le apliquen cuatro vacunas inyectables, pero eso no va a suponer ningún problema para el bebé; es más, es preferible hacerlo a la vez en un único acto que forzar al bebé y a la familia a acudir en diversas ocasiones a la consulta por no aplicar las vacunas simultáneamente. Se ha demostrado que los niveles de cortisol del bebé, que nos sirven para medir su nivel de estrés, son más elevados si se le hace acudir varias veces a la consulta que si se le ponen todas las vacunas de golpe en una única cita.

> **Recomendación práctica:** haced caso de lo que vuestro equipo de pediatría —especialmente vuestra enfermera— os recomiende a la hora de poner las vacunas, y así os quitaréis preocupaciones de encima y el bebé estará mejor.

7. ¿Hacen mucha reacción las vacunas?

a. La mayoría sí.

b. En pocas ocasiones.

c. Nunca.

d. No sabe, no contesta.

Correcta: b. Una de las condiciones que se les impone a las vacunas durante sus fases de investigación es que las reacciones que puedan producir después de su aplicación, en caso de aparecer, sean no demasiado frecuentes y, por supuesto, exentas de gravedad. Ni en todos los niños aparecen esas reacciones, ni, cuando aparecen, son iguales en todos ellos. Lo más habitual es que no se desencadene ninguna, pero si lo hacen, suelen ser de tipo local y transitorias, como, por ejemplo, dolor o enrojecimiento en el lugar de la inyección e incluso, en ocasiones, la aparición de un bultito que con el tiempo desaparece. Entre las reacciones generales la más frecuente es la fiebre, que no suele ser demasiado elevada y que se controla fácilmente con la administración de antitérmicos. Por cierto, tan pronto salgáis de la consulta, ya podéis ir a comprar vuestro primer bote de paracetamol, y tened en cuenta que es algo que os va a acompañar los próximos quince o veinte años de vuestra vida. En el caso de que no tengáis claro que eso que le está pasando a vuestro pequeñín 24-48 horas después de haberle administrado alguna vacuna sea una reacción a la misma, no dudéis en consultar con vuestro equipo de pediatría.

8. Si nos olvidamos de ponerle alguna vacuna, ¿la podremos recuperar más adelante?
   a. Sí.
   b. No. Santa Rita Rita...
   c. Pocas veces.
   d. Cuidado con eso. Casi nunca se pueden recuperar.

Correcta: a. En el mundo de la «vacunología» hay dos premisas que hábilmente os ocultamos a los padres para que no sepáis tanto como nosotros y para que no os vengáis arriba. La primera de ellas es que consideramos «vacuna puesta, vacuna que cuenta». La segunda es que el calendario vacunal de cualquier niño siempre puede recuperarse y actualizarse independientemente de las vacunas que se puedan haber perdido por el camino. Otra cosa es que durante ese periodo de tiempo que no ha estado vacunado frente a alguna enfermedad tampoco ha estado prevenido contra ella. ¡Cuidadín!

Los calendarios vacunales se diseñan teniendo en cuenta multitud de factores, entre ellos, la cadencia con la que debemos administrar cada una de las vacunas. Para ello se valora el periodo de tiempo en que la enfermedad puede afectar más al bebé, así como la capacidad de su organismo para generar anticuerpos (defensas) frente a los microorganismos que pretendemos prevenir. Por este motivo, cada vacuna tiene indicadas unas edades concretas para su administración. En el supuesto de que alguna de ellas no se pudiera aplicar a su debido tiempo, casi siempre existe la posibilidad de administrarla más tarde. Eso sí, hay que saber que algunas, como la del rotavirus, tienen una edad máxima para su administración y que, una vez superada esta, hacen inviable que se la podamos dar. En resumen, salvo contadas excepciones, siempre podremos recuperar alguna vacuna perdida en el tiempo.

9
Más cosas que pasan el primer año de vida. Sí, más

¡Guau! Más de 2 meses cumplidos, primeras vacunas administradas... No tengo más que palabras de elogio para vosotros. ¡Ánimo, vais muy bien! Damos por superada la primera etapa, que, en muchas ocasiones, es de las más complicadas. Os habréis dado cuenta de que Janis ya es capaz de seguiros con la mirada, de responder a vuestra sonrisa, y cada vez interactúa más con vosotros. Va dejando de ser ese tesoro preciado, guardado gran parte del día en su cuna (desde el más grande de los respetos), para convertirse en una personita más de la familia. Aquí va un amigable recordatorio sobre el tema de los celos en los hermanos, si los hubiera: cuanto mayor sea el nivel de interacción con el bebé, mayor riesgo habrá de que aparezcan los celos en el resto de la prole. La famosa frase «los niños se enteran de todo» es totalmente cierta. No hay más.

En pediatría, a los bebés los denominamos «lactantes» hasta que cumplen los 12 meses, y no es únicamente porque la base de su alimentación sea la leche, en cualquiera de sus formatos, sino porque durante ese periodo de tiempo tienen unas características que los hacen distintos a lo que entendemos por un niño de primera infancia, que consideramos da comienzo a partir del año de vida. Durante estos primeros 12 meses el nivel de su desarrollo —motor, psíquico, físico o de cualquier otra índole— es proporcionalmente mucho mayor que en cualquier otra etapa de la vida. Su adquisición de habilidades es constante y, al mismo tiempo, van desapareciendo las características propias de un recién nacido. Intentad disfrutar de todo eso porque una de las experiencias más gratificantes de la vida es ir dándonos cuenta de cómo nuestros hijos van haciendo progresos día a día. Comentaros también que en pediatría consideramos que un bebé es «recién nacido» mientras no cumple el mes de vida. Puestos ya en terminología pediátrica, vamos a repasar y a averiguar cuáles son vuestros conocimientos sobre los lactantes y, muy especialmente, sobre Janis.

1. Un bebé duerme:
   a. Cada vez más.
   b. Cada vez menos.
   c. No le llames bebé, llámale marmota.
   d. Lo mismo que sus padres.

Correcta: b. Más allá de las primeras horas posteriores al parto en las que, debido al estrés que le produce este, su sueño puede ser muy errático, podréis ver que, los primeros días e incluso semanas de su vida, Janis se pasa la mayor parte del tiempo durmiendo. Durante esta etapa los bebés se despiertan únicamente para reclamar alimento o para que sus necesidades de higiene sean cubiertas; es decir, cuando van de caca hasta la bandera, e incluso antes, lloran porque se sienten incómodos. En cambio, durante el primer año de vida esos hábitos de sueño van cambiando progresivamente, y la tendencia es a dormir cada vez menos, y al alcanzar los 12 meses, lo que hacen es una dormida prolongada durante la noche, una siesta a media mañana y otra por la tarde. Como todo en los niños, esta regla puede ser muy variable y no pretende ser más que una norma orientativa para que no os llame excesivamente la atención el hecho de ver que cada vez duerme menos. También es normal que durante los primeros meses se despierten por la noche para reclamar comida; estos despertares se irán reduciendo con el tiempo, siendo muy variable la edad en la empiezan a dormir toda la noche del tirón, pues muchos de ellos, una vez alcanzado el año de vida, aún no lo han conseguido. Otra cosa es, cuando son más mayorcitos, que tengan despertares nocturnos de manera habitual, lo mismo que sucede en todas las personas, incluso en nosotros, y no significa que el bebé tenga hambre ni que le tengamos que dar una cena más copiosa para que aguante toda la noche durmiendo. Algunos de ellos, en esos despertares, serán capaces de darse media vuelta y seguir durmiendo; a otros les costará más volver a coger el sueño, y una minoría llorará o requerirá la atención de sus padres para volver a hacerlo. Insisto, ese tipo de despertares no significan que el bebé tenga hambre o sed. A ninguno de nosotros se nos ocurre que las veces que podamos despertarnos durante la noche sean para levantarnos e ir a beber agua o a zamparnos el resto de la fabada de la comida del domingo, pues con ellos sucede lo mismo. Es posible que esa atención que reclaman quede compensada si se les ofrece comida o bebida, pero en ningún caso el motivo de su despertar es el hambre o la sed. Tened esto en cuenta ya que el manejo correcto de estas situaciones es una buena prevención para su higiene del sueño e incluso de la obesidad infantil.

2. Si a partir de los 5 meses no duerme toda la noche:
   a. Es que pasa hambre y hay que darle cereales para cenar.
   b. Es que pasa hambre y hay que empezar a llevarlo al *burger*.
   c. Es que pasa hambre. Dinos qué hay que hacer.
   d. No pasa nada.

Correcta: d. He intentado explicarlo en el apartado anterior, pero no está de más insistir en ello: llegará un momento en que Janis sea capaz de dormir toda la noche; el quid de la cuestión es que no sabemos exactamente cuándo llega ese momento. Algunos bebés lo hacen a partir de los primeros meses, mientras que otros, ya con 1 año de vida, aún no lo han conseguido. Tan normal es uno como el otro. Puede que oigáis alardear a diversos papis de la gesta de su pequeñín al conseguirlo a los 3 meses; no penséis por ello que Janis está fuera de la normalidad o que hay algún problema que deba solventarse, mucho menos ofreciéndole una cena opípara con la pretensión y bajo el falso supuesto de que eso hará que «alargue»[5] más durante la noche. Si se despierta porque tiene hambre hay que darle de comer, pero atiborrarla a última hora de la noche no es la solución, iniciar algunos alimentos antes del momento indicado para hacerlo puede ser contraproducente, y en ningún caso esto va a evitar que siga despertándose.

Como norma, no le introduzcáis en su alimentación nada que previamente no se os haya recomendado en la consulta de pediatría, y si tenéis dudas sobre la normalidad o no de su sueño, ahí estamos para resolverlas.

A dormir, como a comer o a andar, también se aprende. El proceso del sueño es un aprendizaje en el que los padres tenéis que contribuir y que debe llevarse a cabo con la máxima normalidad posible. Los bebés van variando sus horas de sueño a medida que van creciendo, y debéis adaptaros a esas necesidades. Llegados a este punto, es importante abrir

5. Término del argot materno-paterno-pediátrico empleado habitualmente para hacer referencia a la duración del sueño hasta el primer despertar del bebé.

un apartado para recordar que cada uno tiene su espacio dedicado al sueño; en su caso, más allá del colecho, es la cuna, que es donde debe dormir. Pretender hacerlo dormir en el sofá del salón, por tenerlo cerca, o en el cochecito, porque lo hace con facilidad, es tan poco productivo como enseñarle a tomar la sopa con tenedor. Un desastre. Asimismo, hay que tener en cuenta que allí donde lo pongamos a dormir será donde espere despertar (¿recordáis la parábola de la oficina del capítulo 5?) y donde vuelva a conciliar el sueño. Si lo dormimos en cualquier otro lugar que no sea su cuna, para después trasladarlo a ella, cuando se despierta y vea que no está ahí, no volverá a coger el sueño hasta que no lo devolvamos a esa casilla de salida. Otra de las típicas pescadillas que se muerden la cola.

Por tanto, tienen que aprender a dormir en su espacio, y si les cuesta (de todo hay en este mundo), la peor de las soluciones es buscar opciones alternativas que aparentemente puedan parecer más fáciles o cómodas, ya que eso no hará más que perpetuar la situación.

3. En referencia a su alimentación:
   a. Las abuelas dominan y yo soy la prueba viviente.
   b. Cada vez se es menos estricto, pero hay unas normas a seguir.
   c. Si toma lactancia artificial, hay que empezar con los cereales cuanto antes.
   d. El instinto materno nos dirá cómo seguir.

Correcta: b. Si bien es cierto que muchos de nosotros somos la prueba fehaciente de que la alimentación guiada por las abuelas es, en muchos casos, satisfactoria, no lo es menos que en la época en que estamos ha habido grandes avances y ha aumentado considerablemente el conocimiento sobre alimentación infantil con respecto a esa época.

Tampoco podemos perder de vista que hasta no hace mucho en las consultas de pediatría se repartían unas hojas fotocopiadas donde se detallaba con extremo cuidado cuál era la alimentación que debía seguir un bebé mes a mes a partir de los cuatro, momento en que se empezaba con la alimentación complementaria. Afortunadamente, se ha superado también esa época y la aparición de guías de alimentación infantil basadas en conocimientos científicos actualizados ha enviado esos pliegos de fotocopias a la papelera. Sí, hoy en día las pautas de alimentación infantil durante los primeros meses de vida, y especialmente en lo que hace referencia al inicio de la alimentación complementaria, son mucho más laxas que hace unos años, sin embargo nos marcan unos mínimos que debemos cumplir. A ver cuántos de ellos te sabes.

4. La alimentación complementaria hace referencia a:
   a. Cualquier cosa que le demos de comer además de la leche.
   b. Los primeros cereales.
   c. La papilla de frutas.
   d. Complementos vitamínicos añadidos a la leche.

Correcta: a. Pues es así, la alimentación complementaria hace referencia a cualquier alimento que le demos además de la leche. Es importante destacar que, como nos apunta el *Diccionario de la lengua* de la Real Academia Española, un «complemento» es algo que se añade a una cosa para hacerla íntegra o perfecta. Fíjate que nuestros ilustres académicos dicen «añade», en ningún caso dicen «sustituye». Con esto quiero poner en valor que, como mínimo, hasta los 12 meses, la base de la alimentación de un bebé es la leche sea de origen materno o artificial. Todo aquello que le podamos añadir será para mejorar esa alimentación basada en la leche. Es muy posible que gente de vuestro entorno —amigos, cuñados o cualquier tipo de pariente, bien intencionados todos— pretenda que iniciéis algunos alimentos de forma precoz gracias a supuestos, pero inexistentes, beneficios. No les hagáis caso, habéis leído este libro y tenéis mucha más documentación que ellos. Se acabó la discusión.

Solo en algún caso puntual se os puede recomendar alguna variación sobre las normas generales que vamos a ir viendo. Son casos excepcionales que no hacen más que confirmar la regla.

5. La alimentación complementaria se inicia:
   a. A los 4 meses.
   b. A los 6 meses.
   c. A los 12 meses.
   d. Depende del tipo de lactancia que esté haciendo.

Correcta: b. ¡Atención!, no quiero ni el más mínimo atisbo de duda aquí. Por la evidencia científica que en este momento tenemos, la alimentación complementaria se debe iniciar a partir de los 6 meses. Y esto es así tanto en los bebés que se alimentan al pecho como para los que lo hacen del biberón con leche adaptada. No sirve de nada iniciarla de forma precoz; es más, podría llegar a ser contraproducente, en especial en algunos niños predispuestos a presentar alguna enfermedad, como podría ser la celiaquía.

Tampoco aporta beneficio alguno el retrasarla. Hasta hace relativamente poco se creía que en niños con tendencia a ser alérgicos, porque en su familia hay muchos, retrasar la introducción de algunos alimentos podría serles beneficioso. Ahora sabemos que esto no es así, hasta el punto de que retrasar el inicio de los alimentos que potencialmente les pueden generar una alergia puede generar precisamente el efecto contrario.

Repito: tome el tipo de leche que tome, la alimentación complementaria no se iniciará hasta los 6 meses. Y recordemos que «complementaria» viene de «complementar».

6. ¿Con qué empezamos la alimentación complementaria?
   a. Con los cereales.
   b. Con la naranja.
   c. Con la ternera.
   d. Con cualquiera de ellos.

Correcta: d. Salvo algunas excepciones muy concretas, podemos iniciar la alimentación complementaria con cualquier alimento, pero siempre aplicando el sentido común al asunto: fabada con pimentón picante para su primer día no sería lo más adecuado. No es necesario, como se había hecho hasta no hace demasiado, iniciar esa alimentación con unos productos concretos, siguiendo un orden preestablecido, para luego hacer una escalada progresiva con todos los demás. Ahora sabemos que a partir de esos 6 meses el bebé es capaz de tolerar cualquier alimento sin problemas. Da igual empezar por la fruta que por la carne o por los cereales especialmente diseñados para bebés. Cereales que, déjame decirte, son un producto ultraprocesado que el marketing de las empresas de alimentación infantil ha introducido haciéndonos creer que es imprescindible, pero del que se puede prescindir sin problemas. Si quieres que Janis se tome una papilla de cereales, siempre es mejor que los compres en grano, los cuezas o tuestes y los tritures junto a la leche que darle el producto que hay dentro de cualquiera de esas cajas de colorines de la sección de alimentación infantil de las farmacias o de los supermercados. No seré yo quien niegue que son muy prácticos, que se diluyen muy bien en la leche y que la mayoría de los bebés se los toman esbozando una sonrisa de oreja a oreja. Más allá de eso, deberías saber que, por su especial procesado, la gran mayoría de ellos tienen una cantidad de azúcar que los hacen poco saludables, y que es precisamente el responsable de esa sonrisa de Janis.

Hemos dicho que a partir de esos 6 meses puedes darle cualquier tipo de alimento a tu bebé salvo algunas excepciones, pues veamos cuáles son y repasemos someramente por qué debes retrasar su introducción:

- *Frutos secos*: son, por su tamaño, uno de los principales causantes de atragantamientos o de obstrucción de las vías respiratorias. Es cierto que muchos de ellos son ricos en vitaminas, minerales y ácidos grasos esenciales; si se los quieres ofrecer, no hay ningún problema en que lo hagas, siempre y cuando los hayas triturado convenientemente antes de añadírselos a su comida. Algo similar sucede con los granos enteros de uva o de frutas similares, o con aquellos vegetales que al morderlos pueden generar trozos irregulares, como la manzana o la zanahoria. Evita todos esos alimentos sin cortarlos previamente hasta los 3 años como mínimo.
- *Salchichas*: lo mismo que te he dicho para los frutos secos vale para las salchichas; su forma y su textura hacen que puedan quedar enclavados con facilidad en cualquier parte de las vías respiratorias, especialmente en las superiores, provocándole un peligroso episodio

de sofocamiento. Solo por aclarar el término, «sofocamiento» es eso que todos hemos visto en alguna película que le pasa a alguien cuando se ahoga por quedarle un trozo de comida que no va ni para arriba ni para abajo. Las «inofensivas» salchichas son la primera causa de sofocación en los niños en Estados Unidos. Sí, allí son muy de salchichas, pero aquí no les vamos a la zaga.

- *Vegetales de hoja verde y grande*: este tipo de vegetales, como las acelgas, las espinacas o los berros, contienen unas sustancias denominadas «nitratos» que, por hacerlo corto, los bebés hasta los 12 meses no tienen capacidad de metabolizar, produciéndoles a las pocas horas de haberlos tomado un tipo especial de anemia denominada «metahemoglobinemia» por la que pueden ponerse más azules que cualquiera de los pitufos®. Es un proceso relativamente banal y de fácil solución, pero si podemos ahorrárselo, mejor que mejor.

- *Leche entera, yogur o queso fresco*: la capacidad para la ingesta de la leche entera o de sus productos derivados poco procesados no está bien establecida hasta los 12 meses de edad, y su ingesta puede ser problemática debido a la relativa inmadurez de su sistema digestivo. Es, por tanto, más adecuado retrasar la oferta de la «leche normal», para entendernos, y de sus derivados hasta más allá del año de edad.

- *Productos ultraprocesados y superfluos*: en ellos incluimos el azúcar, la mermelada, el cacao, el chocolate, los zumos de frutas, los refrescos, los postres lácteos, las galletas, la bollería, los embutidos y, por supuesto, cualquier tipo de chuche. Date cuenta de que algunos de ellos, como podrían ser las galletas o los embutidos, por ejemplo, no suelen estar considerados como alimentos poco saludables, pero todos ellos son productos ultraprocesados con exceso de sal y de azúcar que los hacen poco recomendables. Algo parecido pasa con los zumos. El hecho de que sean caseros no los convierte en saludables, pues el proceso de exprimir o licuar la fruta libera el azúcar de su matriz haciendo que este se incorpore al torrente sanguíneo con la misma rapidez y facilidad con que lo hace el de un refresco. La norma para cualquiera de estos alimentos es que, habida cuenta de que inevitablemente acabarán por tomarlos, cuanto más retrasemos su experiencia iniciática en ellos, mejor.

Llegados a este punto, me veo en la obligación de comentaros que la pastelería casera o las galletas hechas en el propio domicilio con todo el amor del mundo son alimentos tan poco saludables (o casi) como los que compramos en el súper. Puede que suene feo y radical, pero básicamente es cierto. Claro que a la industrial le falta esa dosis de amor que ponéis a vuestras galletitas caseras. Por tanto, evitadla en la medida de lo posible y reservadla para ocasiones especiales.[6]

• Capítulo aparte merece la *miel*, muy empleada antaño para edulcorar algunas comidas de los bebés e incluso para hacerles más apetecibles los chupetes, prácticas todas ellas desaconsejables por el gran contenido de azúcar de la miel, que, no, no es más sana que cualquier cucharada de azúcar blanco refinado. Cierto que la miel contiene algunas sustancias «saludables» de las que el

6. Definición de «ocasión especial»: es aquella en que no recuerdas la última vez que lo hiciste (Gemma del Caño *dixit*).

azúcar refinado carece, pero están en tan ínfimas cantidades que sirven de poco. Por otro lado, el contenido en azúcar de la miel es superior al 80 %, o sea, casi todo.

Un empujoncito más y acabamos de machacar a la miel, ¡venga! Aparte de todo eso, la miel puede contener la toxina del microorganismo causante del botulismo y que el bebé, debido a esa inmadurez inmunológica a la que hemos hecho referencia en otras ocasiones, no es capaz de eliminar, con lo que es muy fácil que pueda contraer dicha enfermedad.

La última y ya lo tenemos: como su contenido en azúcar es del 80 %, su poder edulcorante es del..., ¡correcto!, el 80 %. Esto significa que para tener la misma sensación de dulzor tenderemos a poner más cantidad.

7. ¿Y si se empeña en comer a cachos?
   a. Hay un considerable peligro de atragantamiento.
   b. Seguro que comerá bastante menos.
   c. Al principio, siempre con cuchara.
   d. Supervisado por un adulto no resulta problemático.

Correcta: d. El denominado *baby-led weaning* no es otra cosa que dejar que el niño se lleve a la boca y coma aquello que le apetezca de entre una oferta de alimentos que antes hemos adaptado convenientemente para garantizar su correcta nutrición y su seguridad. De hecho, y para entendernos, personalmente prefiero llamarlo «comer a cachos» (no escondamos la riqueza de nuestro léxico detrás de anglicismos de difícil comprensión). Para que este procedimiento sea seguro, debemos tener en cuenta unas características:

- Lo principal es que Janis esté preparada para ello: debe ser capaz de mantenerse sentada, con la cabeza erguida, tomar los alimentos con sus manos y llevárselos a la boca, y es imprescindible que le haya desaparecido el reflejo de extrusión. Es uno de esos reflejos que tienen todos los recién nacidos de forma natural y que hace que, por seguridad, expulsen con la lengua cualquier alimento sólido que se les ponga en la boca. Generalmente desaparece alrededor de los 5 o 6 meses.
- La comida que le ofrezcáis debe estar adaptada a su edad y convenientemente cocinada.
- Deberéis cortarla en trocitos que pueda coger fácilmente y que, a la vez, cuando se los lleve a la boca, no le produzcan atragantamientos. Son adecuadas las tiras de verduras hervidas o de carnes picadas (albóndigas o hamburguesas), por ejemplo.
- No debemos dejar al bebé solo en ningún momento para minimizar el tiempo de reacción en caso de atragantamiento. A pesar de que lo haya hecho correctamente muchas veces antes, nada nos garantiza que siempre vaya a ser así. Muy posiblemente en más de una ocasión se habrá atragantado, eso no genera ningún problema, más allá del susto que produce. El verdadero riesgo es que alguno de esos trocitos de comida se le vaya a la vía respiratoria y que conlleve un episodio de ahogo.
- No sabemos si esa forma de alimentarle le aporta muchas ventajas, lo que está claro es que aumenta su autonomía y que, al tener los alimentos a su disposición, ni se va a quedar con hambre ni va a comer menos de lo que le corresponde. Como en cualquier otra de las formas de alimentación expuestas en el presente texto, jamás de los jamases hay que forzar a un niño a comer.

Ni por las buenas ofreciéndole recompensas si se lo acaba todo, ni por las malas castigándolo si no lo hace. Así lo dice la Asociación Europea de Gastroenterología Pediátrica, Hepatología y Nutrición (ESPGHAN, por sus siglas en inglés), pero con palabras más rimbombantes.

8. Vale, hemos empezado con la alimentación complementaria, pero ¿cómo continuamos?
   a. ¡Mañana, callos!
   b. Con cualquier tipo de alimento mínimamente procesado.
   c. Comiendo lo mismo que nosotros.
   d. Cereales, cereales y más cereales.

Correctas: b y c. Bueno, ya hemos visto que a partir de esa edad Janis puede comer casi de todo, esto hace que dentro de lo que consideramos una alimentación saludable, y con las excepciones ya vistas, le podamos ofrecer cualquier cosa. Si lo que habitualmente coméis en casa entra dentro de esos parámetros, ¿por qué no darle a ella lo mismo y hacerla partícipe desde ya de vuestros hábitos alimentarios? A fin de cuentas, en un momento u otro acabará comiendo lo mismo que vosotros, y si eso es saludable, empecemos ya. Una recomendación en este sentido es que no conviene diversificar los alimentos con una excesiva rapidez; se aconseja que dejemos pasar varios días entre grupos de alimentos distintos entre sí, más que nada porque así tenemos la oportunidad de percatarnos con mayor facilidad si hay alguno que no le ha sentado bien. Otra recomendación es introducir poco a poco las diversas comidas; por ejemplo, podemos empezar por la merienda, dejar pasar un par de semanas hasta introducir el desayuno, y así sucesivamente. Es posible que con ello consigamos que Janis se adapte mejor a los cambios y los tolere con más facilidad. A partir de aquí quiero deciros que cualquier alimento es apto para cualquier comida: se puede ofrecer fruta a la hora de la merienda o a la de la cena y pollo a la de la comida o con el desayuno. Una cosa son los hábitos que tenemos y otra muy distinta es la capacidad para poder saltárnoslos.

De la misma manera que os digo que procuréis no introducir todos los alimentos de golpe, os digo que no retraséis en exceso la introducción de otros. Janis está en un periodo de aprendizaje en el que, entre otras cosas, desarrolla también sus preferencias; por tanto, retrasar la oferta de algunos alimentos en esta etapa puede comportar que no los acepte de la misma manera y que eso perdure en el tiempo. Una de las principales causas por las que los niños aborrecen algunos alimentos, a imagen de sus padres, no es otra que el hecho de que no se les han ofrecido en esa fase de aprendizaje.

Un inciso sobre los callos: podría ser un alimento totalmente compatible con su alimentación siempre y cuando los toméis hervidos o a la plancha, sin sal, y con un chorrito de aceite de oliva virgen por encima. Lo digo porque me temo que cuando pensáis en callos no es precisamente ese vuestro planteamiento.

9. ¿Qué hay del gluten?
   a. El gluten lo carga el diablo. Mejor evitarlo.
   b. Recomendable iniciarlo después del año.
   c. Se inicia igual que los otros alimentos.
   d. Preferible productos SIN gluten.

Correcta: c. El gluten es una proteína que se encuentra de forma natural en algunos cereales como el trigo, la cebada, la espelta, el centeno y algunas variedades de avena, así como en sus derivados e híbridos. Por tanto, lo encontramos habitualmente en las harinas de uso más común, en la pasta o en el pan, productos, todos ellos, que acostumbramos a incluir en nuestra dieta mediterránea. No es una sustancia nociva en sí, salvo para aquellas personas que no lo toleran, básicamente los enfermos de celiaquía y los que son alérgicos. La evidencia actual nos dice que no hay ningún motivo para retrasar su introducción en la alimentación del bebé ni para evitarlo, salvo que haya una contraindicación médica. Los alimentos que vemos en las tiendas y en los supermercados etiquetados como «sin gluten» no es que sean más saludables o que tengan propiedades especiales, sino que son aptos para los enfermos de celiaquía. En consecuencia, si Janis no tiene ningún problema especial, podréis y deberéis incorporar el gluten en su alimentación al mismo tiempo que cualquier otro alimento. De hecho, evitar el gluten, además de representar un coste económico significativo, podría ser contraproducente en el caso de que se requiera hacer un estudio diagnóstico de una enfermedad celiaca.

No sé exactamente de dónde parte la idea de equiparar las dietas sin gluten a salud o de demonizar el gluten atribuyéndole supuestas y malignas «propiedades inflamatorias» para el organismo. Nada de eso es cierto.

10. ¿Cuándo va a poder comer de todo?
a. A partir de los 12 meses.
b. A partir de los 2 años.
c. Pero ¿no podía comer de todo ya?
d. Nada de brócoli hasta los 6 años.

Correcta: a. Vale, si habéis leído con atención los apartados previos, responderéis a esta pregunta sin ninguna dificultad. Hemos visto que a partir de los 6 meses podemos empezar con la alimentación complementaria y que aquellos alimentos que por diversas causas deberíamos evitar se los podemos empezar a ofrecer a partir del año: la leche entera y sus derivados, los vegetales de hoja grande y verde o las comidas más especiadas y condimentadas. Recordad que todos aquellos alimentos que pueden causar episodios de atragantamiento no se recomiendan hasta los 3 años y siempre bajo la supervisión de un adulto. No insistáis: seguimos sin poner fecha para las chuches y demás marranadas, y cuanto más las posterguemos, mejor. Sí, somos difíciles de convencer.

Soy consciente de que el mundo se divide en dos grupos de personas: aquellas a las que les encanta el brócoli y aquellas que no lo soportan. Estoy seguro de que si le dais a Janis el brócoli a su debido momento junto con los demás alimentos, se convertirá en una brócoli *lover* de por vida.

11. ¿Cómo va a comer de todo si no tiene dientes?
   a. Tritura lo que haga falta con las encías, la lengua y el paladar.
   b. Por eso solo hay que darle papillas hasta que no tenga los primeros dientes.
   c. Cuando empiezan con la alimentación complementaria ya suelen tener dientes.
   d. Incluso con los primeros dientes hay que seguir dándole papilla.

Correcta: a. Lo hemos comentado previamente cuando hablábamos de «comer a cachos». La dentición infantil empieza a salir, con grandes variaciones, sobre los 6 meses, pero en ningún caso es imprescindible que la tengan para poder comer de todo. Hemos visto que si le ofrecemos los alimentos de manera adecuada, será capaz de llevárselos a la boca y los triturarán con sus encías o machacándolos con la lengua contra el paladar. No tengáis miedo, tienen sus truquis. Eso sí, cuando aparezcan esas primeras piezas deberéis empezar con su cepillado y velar por su higiene dental para prevenir la caries.

La caries es una enfermedad que en última instancia está producida por unos gérmenes que tenemos en la boca. Si vosotros los tenéis, es muy fácil que se los paséis a Janis de una u otra forma; por tanto, su higiene dental empieza siempre con la vuestra. Debéis cepillaros los dientes de forma adecuada varias veces al día y procurad no compartir con ella objetos que hayan pasado por vuestra boca. Después de esta retahíla habréis deducido que recoger el chupete del suelo y «limpiarlo» dándole un buen lametón en vuestra boca no es la mejor de las ideas.

Desde la erupción de su primer diente tendréis que hacerle un cepillado dos veces al día, con un cepillo adecuado y con una pasta de dientes que contenga flúor en menor cantidad de la que usáis vosotros, con 1.000 partes por millón. Ambas cosas están disponibles en cualquier farmacia.

Sabemos también que esos gérmenes productores de caries son amantes del azúcar y se reproducen a su libre albedrío cuando sus concentraciones en la boca son más altas de lo normal. Por tanto, nunca será bueno ofrecerle alimentos muy azucarados o dejar que se duerma con el biberón en la boca, ya que la persistencia de los azúcares de la leche en sus dientes favorecerá también la proliferación de esos microorganismos. Por supuesto, y a estas alturas de la película ya lo deberíais saber, está totalmente desaconsejado mojarle el chupete con cosas dulces.

12. Mucha explicación de alimentación, pero ¿cuándo empezará a andar?
   a. Antes del año siempre.
   b. Si no anda a los 14 meses es una señal de alarma.
   c. Depende (volvemos a los galleguismos).
   d. Cuanto más tarde, mejor. Más segura estará.

Correcta: c. El desarrollo psicomotor de los bebés es muy variable ya que se mueve dentro de unos amplios márgenes de diversidad, ya sea para caminar simplemente como para cualquiera de las otras adquisiciones que hacen progresivamente. Es poco frecuente, pero hay bebés que caminan a los 8 meses; tampoco es raro ver algunos que con 14 no lo hacen. Tan normal consideramos un bebé como otro. De todas formas, la memoria humana es frágil y selectiva y a cualquier mamá o papá de un niño de 5 o 6 años al que le preguntéis al respecto os contestará que su hijo anduvo cuando tenía 6 meses, cosa que no he visto en toda mi vida de pediatra. Pero como es algo muy difícil, si no imposible, de verificar, la gente lo suelta y se queda tan ancha. Sin mala intención, claro.

De igual manera que van adquiriendo habilidades, van dejando atrás características propias de los recién nacidos, como esas posturas tan curiosas que tienen o esos reflejos innatos que habréis visto que el pediatra le exploraba en sus primeras visitas. Cada vez que acudís a la consulta se hace una valoración tanto de los hábitos y reflejos que debe ir perdiendo como de las habilidades que debe ir sumando. Es muy posible que en su carnet de salud haya una tabla en la que se indican todos estos parámetros; echadle un vistazo y si tenéis cualquier duda al respecto, comentádsela a vuestro pediatra.

De la misma manera que es normal que vayan adquiriendo todas esas habilidades, lo es que en momentos puntuales del desarrollo hagan pequeñas regresiones a estadios previos. Me refiero a que ese niño que ya había aprendido a andar con cierta soltura de repente deje de hacerlo sin una causa aparente. No os preocupéis, su desarrollo psicomotor tiene estas características. Lo hacen incluso con el habla. No tiene mayor relevancia, a no ser que vaya cada vez a más.

Como sé a ciencia cierta que tenéis la sana costumbre de comparar las habilidades de Janis con las de otros críos, quiero advertiros de un par de cosas. La primera es que ese desarrollo evolutivo no es igual en todos los niños; algunos desarrollan más precozmente la motricidad fina, otros aprenden a andar con más soltura y otros son más patosones, pero, en cambio, son los primeros del barrio en hablar. La segunda es que algunos hitos que alcanzan la mayoría de los bebés no se consideran imprescindibles ni se tienen en cuenta en el momento de valorar el estado de su desarrollo; por ejemplo, la mayoría de los bebés son capaces de gatear, pero algunos echan a andar directamente sin haber gateado nunca. El hecho de que jamás se hayan desplazado recorriendo la casa a cuatro patas no debe preocuparnos lo más mínimo.

Sirva esta disertación sobre el deambular de los niños para que nos demos cuenta de que su desarrollo es muy variable de unos a otros, tanto en el tiempo como en las diferentes actividades. Nos vale también para cuando nos refiramos al lenguaje o al momento de ir a la escuela: posiblemente, el que en un momento dado sea el más ducho con las matemáticas no lo será con los idiomas. Aquí no se trata tanto de empezar el primero como de completarlo todo bien.

13. Con respecto al calzado, una vez comienzan a andar, este debería ser:
   a. De marca siempre.
   b. Aprobado por sociedades científicas.
   c. Adecuado a sus necesidades.
   d. Imprescindible todo lo anterior.

Correcta: c. Esto..., un detallito: los zapatos sirven para andar, así que mientras el bebé no camine no será necesario ponérselos, salvo en alguna ocasión especial en que queramos vestirlo «de bonito». Hasta entonces, lo más adecuado es que los pies estén desnudos o que en invierno les pongamos unos calcetines para evitar el frío. Una vez empiece a caminar, los zapatos deberán tener unas características especiales; por un lado, deben adecuarse al pie del niño y favorecer su crecimiento sin dificultades; por el otro, deben protegerlo de golpes y facilitar la deambulación.

El pie del bebé y del niño pequeño es distinto del pie que tiene un niño más mayorcito; es muy laxo, crece con rapidez, se mueve con más facilidad e incluso tiene una morfología distinta por las acumulaciones de grasa que presenta. Para adecuarse a todos esos condicionantes, el calzado infantil tiene unas características que os resumo en los siguientes puntos:

1. La parte anterior debe ser suficientemente ancha para permitir el movimiento de los dedos con libertad. Los dedos de los pies de los bebés se mueven mucho, ¿a que sí?

2. No debe quedar demasiado ajustado, por lo que se recomienda que tenga una cierta holgura. Entre la punta del dedo gordo y la punta del zapato se recomienda que haya un espacio de aproximadamente 1 cm. Es por eso también que se recomienda que entre la parte posterior del zapato, una vez puesto, y el pie podamos meter la punta de un dedo. No es para que pueda aprovecharlos durante más tiempo, es para facilitar su movilidad.

3. El calzado debe ser ligero, poco aparatoso, y mejor bajo que una bota.

4. El contrafuerte, ese refuerzo que hay en la parte posterior en contacto con el talón, debe ser rígido para evitar las torceduras de tobillo y estabilizar el pie durante la marcha.

5. Siempre es preferible que el material con el que están elaborados sea transpirable para evitar que se acumule la sudoración, algo muy frecuente en esa edad.

6. Por supuesto, después de comprarle unos zapatos nuevos, siempre vigilaremos los primeros días que no le provoquen rozaduras. Pasado ese tiempo, lo habitual es que el zapato se vaya adaptando al pie y no le produzca lesiones hasta que no se le empiece a quedar pequeño o se deteriore.

7. Es recomendable que la parte posterior del pie esté algo elevada con respecto a la anterior, pero tampoco en exceso; por lo general, un tacón de aproximadamente 1 cm es lo adecuado.

8. La suela debe ser antideslizante y es muy importante que sea flexible para facilitar la movilidad al caminar.

9. Y ya puestos a ser fantásticos, si los zapatos son fáciles de poner y de sacar y le enseñamos al niño cómo hacerlo, le estamos dotando de una cierta autonomía, algo que siempre tiene un valor añadido.

No os agobiéis; de entrada, parece más complicado que hacerse un máster en biomecánica, pero veréis que la mayoría de los zapatos infantiles cumplen (casi) todas esas exigencias. A partir de ahí ya solo hace falta buscar los más *fashion* y adecuados a la personalidad de Janis.

Los zapatos o zapatillas deportivas de marcas prestigiosas, especialmente de calzado de adultos, no garantizan en ningún caso que sean los mejores para los niños; tampoco que estén avalados por alguna sociedad científica. Por regla general, ambos casos no son más que una treta de marketing para incrementar las ventas.

Los pies de los niños crecen con mucha rapidez y como norma recomendamos que cada tres o cuatro meses reviséis su calzado para comprobar si se les va quedando pequeño.

En el caso de que Janis sea de las que, cuando llega a casa, lo primero que hace es quitarse los zapatos para pasarse el resto del día descalza, tampoco os preocupéis. De hecho, si el suelo de vuestra casa lo permite, lo mejor es que deambule por ahí descalza. Y no, sin el más mínimo ánimo de entrar en conflicto con ninguna abuela, los niños no se resfrían por andar descalzos. En cualquier caso, para andar por casa siempre le podéis poner unos calcetines con suela antideslizante que la protegerán de la incomodidad de pasar frío y de desagradables resbalones. Abuelas contentas y Janis feliz.

10
El jardín de infancia (la guarde). Ese mundo de vivencias

¡Fantástico! Janis ya duerme, come, va haciendo sus monerías e incluso camina. Papá y mamá tienen que volver al curro y aquello de teletrabajar que se impuso durante la pandemia hace meses que quedó atrás. Surge uno de los grandes dilemas que toda familia se plantea, ¿qué hacemos con ella?, ¿la llevamos a la guardería?, y si la llevamos, ¿estará bien allí?, y si no la llevamos, ¿lo echará en falta algún día? Bien, vamos a ver cuánto sabéis de todo ello.

1. Las guardes:
   a. Son seguras.
   b. Son un nido de virus.
   c. Son una buena solución.
   d. Todas las anteriores son ciertas.

Correcta: d. Es muy triste, pero es así: la escasa duración de las bajas por maternidad o paternidad en nuestro país hace que cuando los papás debáis volver al trabajo vuestros pequeños no tengan, ni mucho menos, la edad para empezar el colegio. La famosa conciliación familiar y laboral, que en los países nórdicos han arreglado dándoles a los padres doce meses de baja por maternidad. Surge de ahí un importante problema si los papás no podéis estar con Janis: ¿quién cuida de ella? Los abuelos no siempre están disponibles, y personalmente creo que tampoco deberíamos adjudicarles la obligación de cuidar a los nietos, a no ser que ese sea su deseo expreso. Plan B: podemos dejar a Janis en manos de una cuidadora profesional o de alguien de quien tengamos buenas referencias y confianza. No me voy a meter ahí, pero eso sin duda tiene unos costes elevados. La única solución que queda en el caso de que ambos padres trabajen y de que no puedan hacer una adecuada conciliación con su vida familiar es llevarla a la guarde.

Las hay de muchos tipos, pero sin duda alguna, para ejercer tal actividad tienen que haber superado unos niveles de acreditación, tanto en sus instalaciones como en el personal con el que cuentan, que les garantizan una imprescindible seguridad. Eso no es óbice para que los niños que acuden a ellas se sumerjan en el festival de virus que representan y empiecen a coger sus primeros resfriados, diarreas, otitis y cualquier otra cosa que os podáis imaginar. No es raro ver en nuestra consulta a niños que no han tenido nunca ninguna infección y que se presentan 24 horas después de su jornada inicial en el jardín de infancia con su primer episodio de fiebre. Alto ahí: debemos tener en cuenta que su sistema inmunitario se está formando y que esas primeras infecciones que irá cogiendo van a parar al archivo de las superadas y probablemente no las volverán a adquirir más. El problema es que como la cantidad de virus a los que van a estar expuestos durante toda su infancia es casi inagotable, la sensación es que eso nunca tiene fin. Tened paciencia; a partir de los 7, 10 o 12 años, poniéndonos en lo peor y según cada caso, dejarán de tenerlas.

Tema aparte es que pasar esas infecciones de más pequeños conlleve que la enfermedad pueda ser más aparatosa o su recuperación más lenta. Por tanto, la recomendación sería que no intentéis evitar las guardes a toda costa, pero que tampoco, en la medida de lo posible, os precipitéis llevándola a una. Por cierto, hay una cosa que nunca os dicen cuando inscribís a los peques en el jardín de infancia (es uno de sus secretos mejor guardados), y es que toda esa cantidad de infecciones que van a coger tendrán como consecuencia que pasen la mitad de los días en vuestra casa. Aunque no suele haber problema en que la llevéis con los mocos colgando hasta el mentón, si tiene fiebre, vómitos, diarreas o está muy pocha, no os la van a coger (ni está bien que lo intentéis) o, lo peor, os la van a rebotar, avisándoos cuando ya estéis en el trabajo para que la vayáis a recoger (lo peor).[7] Y esto sucede con mucha frecuencia.

Es justo entonces, cuando no pueden acceder al paraíso del moco, que vuelven a jugar un papel importante los abuelos o las cuidadoras particulares. Por tanto, hay que tener muy a mano el teléfono de alguien a quien podamos recurrir en esas situaciones.

2. Ir a la guarde:
    a. Es básico en su desarrollo intelectual.
    b. Ya lo adquirirá, aunque no vaya.
    c. ¿En la guarde se aprende?
    d. Total…, al final no va a ir nunca.

Correcta: b. A pesar de lo que pueda parecer, sin duda alguna, el jardín de infancia es un lugar donde los bebés o niños pequeños realizan algunos aprendizajes que habitualmente no hacen en sus casas. Aprenden que en el mundo hay más niños como ellos, aprenden a que no siempre serán

---

7. Lo de darle un chorrito de un antitérmico, esperar a que haga efecto y llevarla a la guarde tampoco es, en términos de paternidad positiva, una práctica demasiado ética. Está feo y suele dar mal resultado.

los reyes de la casa, aprenden que no todo les pertenece y aprenden que la vida en ocasiones es poco amable; en definitiva, todo ello los lleva a ilustrarse y a iniciarse en el mundo de la socialización. El punto de vista que tiene un niño del mundo dentro del jardín de infancia es tan distinto como necesario del que tiene en su casa. Pasar por esas experiencias y asimilarlas es imprescindible, aunque no sea necesario hacerlo a edades precoces. El aprendizaje que no haga en caso de no ir a la guardería lo hará más adelante en la escuela o, también, en el parque infantil. Está demostrado que a pesar de que en un momento dado los niños que no van a la guardería pueden no haber asimilado ciertas habilidades, más adelante las adquirirán y no tendrán problemas cuando se incorporen a la escuela, más allá de los primeros días. Llevarlos a la guarde no los hace ni más inteligentes, ni más espabilados ni más sociables; posiblemente, lo único que hace es poner de manifiesto las habilidades específicas de cada niño de manera precoz.

Más allá de esa socialización temprana, también pueden aprender otras cosas: los colores, los números, los días de la semana o a anudarse la rebequita a la cintura, cosas que cualquier otro niño aprenderá fácilmente sin necesidad de haber pasado por la guardería.

En resumen: sí a la guardería siempre que sea necesario y nos saque del apuro, pero tampoco nos vengamos arriba pensando que es una escuela de cerebros. Madame Curie nunca fue a ninguna; Einstein tampoco.

11

Enfermedades habituales. Al lío

Habréis visto que lo hemos comentado en más de una y de dos ocasiones, por eso es inevitable pasar: los bebés y los niños pequeños se ponen enfermos, habitualmente con más frecuencia que los niños mayorcitos. La cosa no da para más y tenemos que acostumbrarnos a convivir con ello. La mayoría de las enfermedades que cogen son contagiosas, es decir, que se traspasan de alguien que la tiene (lo normal es otro enano) a vuestro hijo, que hasta ese momento estaba totalmente sano. Muchas veces encadenan esas infecciones entre sí y da la sensación de que nunca están sanos. Nada más lejos de la realidad. Coger esas infecciones y responder de forma adecuada a ellas es una señal más de su salud, a pesar de que en ocasiones nos pueda parecer que, infección tras infección, están siempre pochos y acabamos pensando que tenemos un niño enfermizo. Llegados a este punto sabemos que en este aspecto también todos los niños son distintos entre sí; desconocemos por qué algunos enferman más que otros que tienen una especial resistencia, ni tampoco por qué algunos de ellos, sanos por otra parte, tienen más tendencia a estar siempre afectados de los mismos síntomas. Todos sabemos de niños que padecen de los oídos con el primer catarro que agarran o aquellos otros que, por cualquier cosa que pillan, acaban teniendo diarreas.

Ya os he dado algunas pistas al respecto, pero veamos cuánto sabéis de todo esto.

1. Las infecciones en los bebés:

a. Son un peñazo.

b. Son inevitables.

c. Suelen ser más frecuentes en los que van a la guardería.

d. Todas las anteriores son correctas.

Correcta: d. Si habéis respondido correctamente, es señal de que habéis leído y asimilado los apartados anteriores. No hay duda, las infecciones en los bebés y en cualquier niño son un incordio ya que impiden que vayan a la guardería o a la escuela, y también requieren de los cuidados de sus papás. Hemos visto que son inevitables porque su sistema inmunitario está en desarrollo; por tanto, a la que entran en contacto con cualquier microbio, este acaba por generarles una infección. Es ley de vida y es la forma en que van fabricando las defensas que en adelante les serán eficaces.

El simple hecho de acudir a la guardería no es un factor favorecedor de las infecciones en sí mismo; esto sería así si estuviese solo el jardín de infancia, algo altamente improbable. El hecho de que coja más infecciones en el centro que en casa es debido a que ahí hay otros niños que se las contagian. Lo mismo que digo para las guarderías lo digo para aquellos bebés que tienen hermanos mayores que importan las diversas infecciones del colegio a casa, compartiéndolas con el bebé. Que los adultos enfermemos con mucha menos frecuencia que los niños se explica simplemente porque pasamos todas esas molestas infecciones en nuestra infancia, una prueba más de la eficacia del sistema inmunitario.

Salvo algún caso muy puntual, del que no viene al caso poner ejemplos, esa retahíla de resfriados, mocos, diarreas, toses y diversos tipos de «-itis» no será motivo para plantearnos dejar la guarde.

Vale, que sí, que son un peñazo (a mí me lo vais a contar), pero suelen ser benignas y, hasta cierto punto, necesarias.

2. Las infecciones más frecuentes en bebés son:
a. Vómitos y/o diarreas.
b. Tos y/o mocos.
c. Fiebre.
d. Lo pillan todo.

Correcta: d. Malas noticias otra vez, lo siento. Pillan cualquier cosa sin distinción. Ya hemos hecho previamente un resumen de las enfermedades más relevantes de los primeros meses de vida, y ahora vamos a hacer una actualización de cuando ya son un poco más mayorcitos, digamos que entre los 6 y los 18 meses:

- *Tos y mocos*: es posible que sea una de las patologías más frecuentes en esa edad, pero ya hemos visto que depende mucho de cada niño. Los mocos son muy molestos, pero por sí solos no tienen por qué revestir ninguna gravedad. La tos es molesta y bastante frecuente en esa edad asociada a cada catarro que cogen; si no la veis asociada a alguna dificultad respiratoria, como ya os he intentado explicar un poco más arriba, tampoco deberíais preocuparos. Puede empezar a ser inquietante cuando dificulta la normal alimentación del bebé o su sueño, o cuando es tan frecuente que le impide hacer vida normal.
- *Diarreas y vómitos*: son muy habituales también en esa edad, pero a medida que el niño se va haciendo mayor ya no tienen tanto potencial para ser causa de deshidra-

tación; podéis valorar en casa si su tolerancia oral va en aumento o si el número de las deposiciones disminuye en frecuencia y cantidad antes de acudir a la consulta.

- *Fiebre*: la fiebre aparece ahora con mucha más frecuencia que en el periodo neonatal y en los primeros meses de vida; hay muchos mitos generados a su alrededor y es por eso que le dedicaremos un tema aparte.

- *Manchas en la piel*: a pesar de que las enfermedades típicas de manchitas en los niños, como podrían ser el sarampión o la rubéola, están prácticamente desaparecidas gracias a las vacunas, hay muchas otras, producidas por virus la mayoría de ellas, que junto con la inevitable fiebre producen exantemas (manchas en la piel) en su curso. Sería un tostonazo insoportable intentar resumirlas aquí y ahora. Os lo ahorro y dejo en vuestras manos el descubrimiento progresivo de este apasionante mundo.

Tenéis que quedaros con un tipo de manchas que consideramos peligrosas y cuya aparición puede ser signo del inicio de una enfermedad grave; me refiero a las denominadas petequias, son manchas de tamaño variable, de color rojo vinoso, y cuya principal característica es que al hacer presión sobre ellas no desaparecen, algo que sí sucede con el resto de las manchitas «benignas». Su aparición no es signo inexorable, afortunadamente, de la existencia de una enfermedad grave, pero cuidadín con ellas. Es de las pocas cosas que nos hacen torcer la boca a los pediatras.

3. Hablamos de fiebre cuando la temperatura es:
a. En la axila, superior a 37,5 °C.
b. En la axila, superior a 39 °C.

c. En la axila, superior a 38 °C.
d. En el recto, superior a 39,5 °C.

Correcta: c. La temperatura corporal normal tiene unos márgenes bastante amplios, y el margen superior se sitúa en los 37 °C. A pesar de eso y siendo estrictos, consideramos fiebre cuando esa temperatura, medida en la zona axilar, supera los 38 °C, y hablamos de febrícula cuando está entre los 37 y los 38 °C ya que las más de las veces se corresponde con elevaciones de la temperatura de escaso significado o autolimitadas en el tiempo. En general, hacemos referencia siempre a la temperatura mesurada en la axila, la que se toma en el recto, que habitualmente es un grado más alta, es más difícil e incómoda[8] de tomar, por lo que cada vez se emplea menos esa determinación. Bueno, como ya sabemos dónde tomarla y a qué atenernos, vayamos a por más. Sé que vuestra ansia de sabiduría no tiene fin.

4. La fiebre es:
a. Siempre una urgencia médica.
b. Una señal de infección.
c. Un signo de complicación.
d. Nada de lo anterior es cierto.

Correcta: d. No nos engañemos, en el momento menos pensado Janis tendrá fiebre y, llegados a ese punto, será importante saber cómo debemos actuar. Hemos hablado de la fiebre en los más pequeños, y salvo las consideraciones que hemos hecho para esa época, tener fiebre no suele ser una

8. Me ahorraré explicaciones.

urgencia médica. La elevación de la temperatura va asociada a muchas de las infecciones que tienen los niños, la mayoría de las cuales son banales; por tanto, el que un niño tenga la temperatura elevada no es ni una cosa rara ni una señal de que esté grave.

Es importante recordar que a pesar de que la mayor parte de las veces que tenga fiebre será secundaria a una infección, hay otras patologías que también pueden desencadenarla: un golpe de calor o enfermedades inflamatorias, por ejemplo.

El hecho de que en el curso de una infección aparezca fiebre tampoco debe hacernos pensar que esta se haya complicado. Si bien es cierto que en la mayoría de las infecciones la fiebre suele aparecer al principio, no es tan raro ver que esta surja una vez transcurridos unos días después del inicio de la tos o de los mocos.

El resumen sería que debéis olvidar esa tendencia tan extendida de pensar que cualquier cuadro que curse con fiebre es una urgencia, y menos en nuestros días, ya que algunas de las vacunas que les administramos a los bebés sirven precisamente para evitar esas enfermedades que antaño le dieron tan mala fama a la fiebre. Os será de mucha más ayuda valorar el estado general de Janis, ver si come más o menos bien, ver si concilia el sueño tal y como lo hace regularmente y fijaros en si está o no más decaída de lo habitual. Esa alteración del estado general o ese decaimiento, independientemente de la fiebre o de su intensidad, suelen ser indicadores de gravedad de una enfermedad mucho más fiables que la propia temperatura elevada.

En los bebés hay que tomarla de manera práctica y que el resultado obtenido sea fiable, procurando que les resulte lo menos desagradable posible. Existen diversos sistemas, pero mi recomendación es emplear un buen termómetro digital y tomársela en la axila. Los viejos termómetros de mercurio están prohibidos por contener dicha sustancia, aparte del hecho de que al estar fabricados con cristal los hace potencialmente peligrosos ya que con cualquier movimiento brusco pueden acabar por romperse.

La forma más fácil de tomarle la temperatura a un bebé es cogerlo en brazos y colocarle el termómetro en la axila mientras lo distraemos con cualquier otra cosa. Con los niños más mayorcitos podemos hacerlo como si se tratara de un juego o, sencillamente, explicándoles la situación sin dramatismos. Lo aceptan de buen grado, siempre y cuando no se la estemos tomando cada cinco minutos.

Por lo dicho hasta ahora podéis deducir que la presencia o no de fiebre nos importa más que la precisión de la temperatura o la curva que esta haga a lo largo del día. Un argumento más para no tomársela constantemente.

5. Lo mejor para la fiebre es:
   a. Evitar a toda costa que suba.
   b. Dejarla a su aire.
   c. Controlarla para mejorar el estado general.
   d. Con no tener termómetro, problema resuelto.

Correcta: c. Empecemos por el final: no tener termómetro no es la mejor de las opciones. Cada vez que vayáis al pediatra con Janis enferma, lo primero que os preguntarán es si tiene fiebre. Ya hemos dicho que no es un signo de gravedad y el pediatra no os lo preguntará para valorar este aspecto, pero sí es un síntoma que a los profesionales nos ayuda mucho para diagnosticar las enfermedades, pues algunas cursan siempre con fiebre, mientras que en otras no aparece nunca.

A fin de cuentas, la fiebre no es más que un mecanismo de defensa primario que tiene el organismo para combatir a los microbios. Aumentar la temperatura corporal provoca que muchos de ellos no puedan desarrollarse con tanta facilidad en ese nuevo microclima. Por tanto, y en última instancia, bajar la fiebre nunca debería ser un objetivo principal. Sabemos que los niños con fiebre se encuentran peor debido precisamente a ese ascenso térmico. La finalidad de hacerla bajar es intentar que el pequeño se encuentre más confortable, por eso no es aconsejable martirizarlo a cada minuto termómetro en mano y darle antitérmicos con la intención de que la fiebre desaparezca por completo. El objetivo debería ser, en el supuesto de que se encuentre mal por la fiebre, intentar aminorarla para que se sienta mejor; pretender una situación de fiebre cero únicamente causa una sensación de angustia para los padres que el niño también percibe a menudo y que puede llevar a que se le administren medicamentos en exceso.

6. Si le queremos bajar la fiebre, podemos:
   a. Darle Apiretal®, nunca falla.
   b. El Dalsy® está más bueno de sabor.
   c. Antes que todo eso, toallas empapadas en alcohol en la frente.
   d. La primera y la segunda pueden ser ciertas.

Correcta: d. En el caso de que queramos bajarle la fiebre, y recordemos que será para mejorar su estado general, tenemos dos grupos de medicamentos que son los que empleamos habitualmente en pediatría. El primero de ellos es el paracetamol, cuya marca comercial más conocida es el Apiretal®, del que a buen seguro habéis oído hablar en más de una ocasión antes de haber llegado hasta aquí. Es eficaz, relativamente fácil de administrar y muy seguro. Por eso es el que recomendamos y empleamos en los bebés por debajo de los 12 meses.

La otra de las estrellas es el ibuprofeno, del cual el representante más conocido es el Dalsy®; fijo que también habéis oído hablar de él. Es también un medicamento muy seguro y eficaz, pero por sus características no lo recomendamos hasta más allá del año. Tampoco pasa nada si se lo dais a un bebé, pero por principio de prudencia solemos hacerlo así.

Ambos son también analgésicos, esto quiere decir que sirven para tratar el dolor.

Por sus propiedades antiinflamatorias, de las que el paracetamol carece, el ibuprofeno es el más indicado en procesos inflamatorios: contusiones, torceduras... o infecciones que cursan con un considerable componente inflamatorio, como, por ejemplo, las otitis o las amigdalitis.

Los dos son exactamente el mismo medicamento que podemos tomar los adultos para calmar la fiebre o el dolor, pero lógicamente los que les damos a los niños están en presentaciones adecuadas para su edad.

Las dosis que hay que administrar están en correspondencia con el peso del niño, no con su edad ni con la que tomen sus amiguitos; por tanto, siempre les debéis administrar la cantidad que os haya recomendado el pediatra o, en su defecto, la que el prospecto de la caja del medicamento os indique de manera orientativa. Aunque en ocasiones no coincidan exactamente, como el margen de seguridad es muy amplio, podéis fiaros de cualquiera de las dos, salvo que la discrepancia entre ambas llame excesivamente la atención. Ahí alguien se ha colado...

La antigua práctica de envolver al bebé en toallas empapadas de alcohol está totalmente desaconsejada y en desuso. Si la finalidad de bajar la fiebre es mejorar su estado general, imaginaos cómo se sentirá el pobre si, con ese calorcito que tiene en el cuerpo, lo recubrimos de toallas empapadas con un líquido frío. Más allá de eso, puede ser una práctica peligrosa ya que la fina piel de los bebés puede permitir que el alcohol se absorba, con las consecuencias que eso puede tener.

Otra «técnica» también bastante extendida es mezclar ambos antitérmicos alternándolos para que su efecto sea mayor. Esa costumbre comporta que le estemos dando dos medicamentos, lo que aumenta el riesgo de aparición de efectos adversos de cualquiera de ellos. En temas de medicación y siempre que sea posible, menos es más, y en bebitos, más aún. A no ser que estemos hablando de temperaturas extremadamente altas, por encima de 39,5 °C, nunca deberíamos llevar a cabo esa práctica.

Y para acabar, expongo brevemente algunos conceptos esenciales sobre la fiebre:

- Urgencia: casi nunca.
- Bajarla: lo imprescindible.
- Mezclar medicamentos: mejor no.
- Agobiarse: nunca.

7. En referencia a los antibióticos:

a. Son eficaces contra cualquier proceso infeccioso.

b. Solo se deben usar en infecciones graves.

c. Hay que usarlos ante la sospecha de infección bacteriana.

d. Los utilizaréis tan solo si os los ha recomendado el pediatra.

Correcta: d. Los antibióticos son un grupo de medicamentos considerado como uno de los grandes avances de la medicina. Su empleo ha conseguido que muchas enfermedades que antaño eran mortales ahora se puedan tratar con relativa facilidad. Pero debemos saber que no son la panacea para cualquier tipo de infección. De entrada, tened claro que únicamente son efectivos en las infecciones de origen bacteriano; en las víricas, que suelen ser las más comunes en la edad infantil, no tienen ningún efecto. Cuando los empleamos para las infecciones bacterianas, en primer lugar deberíamos confirmar que, en efecto, estamos delante de un proceso de esa etiología; por este motivo, en ocasiones pedimos cultivos de secreciones o hacemos pruebas específicas para confirmarlo. En segundo lugar, una vez determinado el microorganismo causante, es importante saber que cada tipo de infección tiene un tratamiento antibiótico específico. Así pues, no es el mismo el que daremos para una infección urinaria que el que daremos para una otitis. Bajo todas estas premisas, el empleo de los tratamientos antibióticos cada vez está más restringido y siempre se debe hacer por prescripción facultativa. La recomendación es que, una vez los hayáis usado por prescripción de vuestro pediatra, tiréis el sobrante en el lugar adecuado, que suele ser el punto SIGRE de las farmacias, especialmente habilitado para ello. Nunca deberíais administrar ningún antibiótico a vuestro hijo por iniciativa propia, ya que, incluso en el supuesto de estar pasando por el mismo proceso que la última vez, el antibiótico que tenéis guardado podría no ser adecuado.

Sumadle a esto que el empleo de antibióticos no está exento de efectos adversos: pueden producir alteraciones en la microbiota intestinal que acarreen molestias abdominales e incluso diarreas. Además, su uso indiscriminado genera resistencias de los microbios frente a ellos, lo que significa que las bacterias se adaptan a su empleo y, a través de complicados procesos genéticos, adquieren la habilidad de escapar a su efecto. Se estima que si no moderamos su empleo, uno de los grandes problemas del futuro de nuestra salud será la progresiva aparición de esas resistencias que nos dejará sin armas para luchar contra las bacterias.

Por tanto, los antibióticos únicamente sirven para aquellas infecciones de las que tengamos la certeza o un alto nivel de sospecha que están producidas por bacterias, y deberán emplearse de modo puntual teniendo en cuenta diversas consideraciones: el agente causal, la edad y el peso del niño, el tipo de infección, el número de infecciones previas, etc.

Por suerte, cada vez es menos frecuente el hecho de relacionar la fiebre con una infección, algo que hemos visto que no siempre es cierto, y pretender tratarla con un antibiótico.

Si el pediatra no os receta un antibiótico y os da las explicaciones correspondientes es, sencillamente, por el bien de Janis. A fin de cuentas, siempre resultaría más fácil hacer una receta que dar explicaciones de por qué no se hace.

8. ¿Y sobre el resto de los medicamentos de uso habitual?
   a. Los antitusivos son muy eficaces y prácticamente imprescindibles siempre que aparece la tos.
   b. Los mucolíticos son de gran ayuda en los procesos catarrales.
   c. Las dos respuestas anteriores son falsas.
   d. En casa se da lo que diga la vecina, y punto.

Correcta: c. La tendencia actual es a medicar lo menos posible a los niños. Todos los medicamentos pueden tener efectos adversos y si no estamos muy seguros de su beneficio no es recomendable emplearlos.

Los medicamentos que se utilizan para la tos, los antitusivos, suelen producir somnolencia y también una cierta depresión del sistema respiratorio, algo que a todas luces no conviene cuando se está atravesando por un proceso que afecta precisamente a ese sistema. En la actualidad, sus indicaciones quedan restringidas a casos muy puntuales de infecciones respiratorias de las vías superiores en los que la tos no es productiva y dificulta el desarrollo de la vida normal. No olvidemos que toser es un mecanismo de defensa del organismo que nos ayuda a expulsar secreciones que obstruyen la vía respiratoria y, con ellas, arrastrar parte de los microorganismos que las originan. Por tanto, pretender tratar la tos en cualquier circunstancia y de forma indiscriminada puede acabar por producir el efecto contrario.

Los fármacos de supuesta utilidad para la desaparición de la mucosidad o para conseguir que sea menos espesa se ha demostrado que son ineficaces; los beneficios que podrían tener, en caso de haberlos, no superan en ningún caso el riesgo de emplearlos. Así que olvidaos de tener el botiquín lleno de potingues muchas veces inútiles y que pueden traer más disgustos que beneficios.

Lo mismo que hemos dicho para los antibióticos sirve para cualquier otro medicamento: una vez usados, nos desharemos de ellos y a otra cosa. Se librarían de esta medida los antitérmicos por la frecuencia con la que los vais a usar. Y si no, al tiempo...

9. Pero medicamentos «naturales» o «de plantas», sí, ¿verdad?:

    a. Se aplica el mismo criterio que en el párrafo anterior.

b. Al ser naturales, están exentos de efectos adversos.

c. Son más adecuados a partir de los 12 meses.

d. Ninguna de las afirmaciones anteriores es cierta.

Correcta: a. No sé muy bien qué es lo que entendéis en vuestra casa por una «cosa natural»; en la mía lo natural es que si te comes una seta venenosa acabes en el hospital. Quiero decir que el hecho de que cualquier medicación lleve el apellido o el calificativo de «natural» en ningún caso lo excluye de tener los efectos no deseados que hemos mencionado previamente o hace que sea más segura. Es más, algunos de los medicamentos de uso corriente se extraen de las plantas y no por ello son menos eficaces o adecuados. El hecho de calificarlos como naturales o procedentes del mundo vegetal la mayor parte de las veces no responde más que a una estrategia comercial para que penséis que son menos nocivos. Un medicamento actúa en función de su principio activo (es decir, la chicha que contiene). Si este es escaso o nulo, no tendrá efecto alguno, ni bueno ni malo. Y si este se encuentra en la proporción adecuada, puede tener efectos beneficiosos, pero también nocivos al igual que cualquier otro. No os dejéis engañar y, ante la duda, consultad siempre con el pediatra.

Lo mismo que os he dicho hasta ahora para los medicamentos naturales os lo digo para aquellos que son homeopáticos, pero elevado a la enésima potencia. En esencia, un medicamento homeopático es aquel que tiene su principio activo tan diluido que ni siquiera podemos encontrarlo en él. Ya hemos dicho que sin sustancia no hay efecto; por supuesto, no tendrá efectos nocivos, pero hablando en plata, tampoco van a servir para nada. Para completar la escena solo falta añadir que en algunos medicamentos homeopáticos, además de esa sustancia que no sirve para nada, se les ha añadido alguna otra, de forma más o menos lícita, que podría llegar a ser perjudicial.

A todo lo que acabo de exponer sumadle que ningún medicamento natural u homeopático, afortunadamente, está financiado por el sistema público de sanidad. Y no, no son precisamente baratos. Todos esos no los debéis llevar al punto SIGRE; directamente no hay que comprarlos.

10. Entonces, cuando Janis se ponga pocha, ¿qué le damos?
   a. Acudimos al pediatra para que nos recete alguna cosilla.
   b. Algo habrá en el botiquín que pueda servirle.
   c. Cuanto menos, mejor, y si es nada, genial.
   d. Comodín de la abuela.[9]

Correcta: c. Lo habitual es que cuando veáis que Janis no anda muy fina acudáis a la consulta de pediatría. Allí se le hará una valoración y, en la medida de lo posible, se os explicará qué es lo que le pasa y las opciones de tratamiento que tenéis. Los tratamientos pueden ser de la causa, como en el supuesto de los antibióticos, o pueden ser sintomáticos, lo que significa que no van encaminados a atajar la causa, ya que esto no es posible y tienen como objetivo aliviar los síntomas. La mayoría de las veces en las que acudáis a la consulta se os prescribirán tratamientos sintomáticos; por ejemplo, lavados nasales cuando tenga mocos, pautas dietéticas y de hidratación cuando esté con vómitos o dia-

9. Como ya se indicó en una de las advertencias iniciales de este libro, toda alusión al comodín de las abuelas, una vez más, se ha hecho desde el cariño.

rreas, o la administración de antitérmicos cuando presente fiebre. Pero ojo, acudir al pediatra no tiene que ser equivalente a salir de la consulta con una receta bajo el brazo; por suerte, la mayor parte de las veces se os indicarán medidas para intentar aminorar o compensar los síntomas que está teniendo el bebé. En nuestra época siempre será una buena noticia que os digan que no tenéis que usar ninguna.

11. Para saber cómo anda en general, ¿cada cuánto le haremos análisis?
   a. Cada dos años.
   b. Cada cuatro años.
   c. Una vez empezada la pubertad.
   d. No se les hace análisis de rutina.

Correcta: **d.** Salvo que exista algún problema en concreto, a los niños no se les hace análisis de forma rutinaria; damos por supuesto que están bien, y el mejor indicador es observar cómo su desarrollo, en todos los sentidos, va siendo el adecuado. Un pequeño que es alegre, juega, hace trastadas y se despierta pronto los festivos está sano mientras no se demuestre lo contrario; por tanto, no necesitaremos hacerle exámenes complementarios para verificarlo.

Ese fenomenal estado de salud incluye todas las infecciones banales que pueda ir cogiendo durante los primeros años de su vida para que se curta su sistema inmunitario. El hecho de enfermar varias veces cada año, especialmente en invierno, no debe hacernos pensar que el pequeño no está sano. La propia OMS establece como normal pasar siete infecciones al año durante las primeras etapas de la vida. Que la mayor parte de ellas se acumulen en los meses fríos y, como consecuencia, acaben empalmando una con otra puede llevarnos a pensar que algo no funciona bien, en particular sus defensas. Sin embargo esto no es ni mucho menos así; los cuadros que padecen aquellos niños con las defensas bajas son, por sus características y su edad de aparición, distintos y mucho más llamativos que esas infecciones de repetición banales capaces de desesperar a muchas familias. Tened por seguro que cuando sea necesario practicar algún análisis será vuestro pediatra el primero en darse cuenta y en recomendarlo; hay pocas cosas que nos angustien más que ver a un niño que no acaba de funcionar bien sin saber la causa.

Tampoco va a necesitar que le midamos los niveles de vitaminas, proteínas o cualquier otra cosa. En el siglo XXI y en nuestro entorno es prácticamente imposible que cualquier niño sano tenga carencias nutricionales. Desgraciadamente, nos preocupa mucho más el tema de la obesidad infantil, cada vez más frecuente. Vosotros deberíais velar también por luchar contra esta patología. No es una amenaza, sino la cruda realidad. Es habitual que algunos familiares, especialmente de edad avanzada, se preocupen en exceso por si al niño le «falta» algo, y resulta comprensible, ya que muchos de ellos vivieron una posguerra en la que faltaron muchos alimentos y hubo carencias nutricionales en todos los sentidos. Era importante que los niños comieran proteína animal, porque era escasa y cara, y que tuvieran aspecto de rollizos, lo cual garantizaba, como mínimo, que tenían algo para comer regularmente, convirtiéndolo en un estándar de imagen de salud. Desde entonces, y por suerte, la cosa ha cambiado. A la mayoría de nuestros niños ni les falta comida ni les escasea la proteína animal, más bien les sobra de ambas; por desgracia, estamos en el extremo opuesto, hasta el punto de que nuestro actual reto es luchar contra la obesidad. Un bebé gordito es gracioso y saludable; un niño con exceso de peso puede ser el inicio de muchas enfermedades que va a arrastrar a lo largo de toda su vida, porque los niños no están gorditos, sino que sufren de exceso de peso.

12

¿Cambios en la alimentación a partir del año?

Hemos hablado de la alimentación cuando son más peque-
ñines y hemos dicho también que con esas excepciones que
ya os sabéis de memoria, a partir del año le podéis empezar
a dar de todo. Este «dar de todo», aparentemente fácil, tiene también sus cosillas; vamos a ver cuán preparados estáis
para lanzaros a estos cambios. Las cuestiones no tienen demasiada dificultad, pero especialmente en un tema como
este, que, como hemos visto, será de interés para el resto de
su vida, interiorizad las respuestas correctas, colgadlas en la
puerta de todas las neveras de casa y, si lo consideráis, ta-
tuadlas en diversas zonas fácilmente visibles de vuestra ana-
tomía.

1. **«Comer de todo» significa:**
    a. Pues eso, de todo, de-to-do.
    b. El «de todo» de ahora ya no es como el de antes.
    c. Lógicamente, algunos guisos y comidas populares no
       podrá comerlas hasta los 7 u 8 años.
    d. La a y la c son ciertas.

Correcta: **b.** Pues veréis, la afirmación «el "de todo" de
ahora ya no es como el de antes» es totalmente cierta y, en
parte, debemos hacer responsable de ello a la industria alimentaria, que se ha lanzado de manera indiscriminada a la
búsqueda de nuevos clientes y ha encontrado entre ellos a
la población infantil como uno de sus predilectos. Antes no

existían gran cantidad de los alimentos ultraprocesados que ahora tenemos a nuestro alcance con mucha mayor facilidad que aquellos que no están procesados o que son de proximidad. Los reclamos publicitarios que ponen en sus atractivos envases multicolores en forma de beneficios para la salud no son más que eso, llamadas a tu atención para que, apelando a tu sentido de buena madre, acabes por comprarlos con la intención de aportarle unos beneficios extraordinarios a Janis en el momento de alimentarla. No, la intención de la industria alimentaria no es poner a Janis más sana, sino mejorar su estado de cuentas trimestral. Ten esto muy presente cada vez que vayas a coger algo de la estantería del supermercado.

Cuando decimos «de todo» hacemos una generalización para que se entienda que a partir de ese momento su organismo está preparado para digerir y procesar todos los alimentos. No quiere decir que cualquier cosa que le deis sea, estrictamente hablando, saludable. Todos esos productos suelen ser ricos en sal, en azúcar y en grasas poco saludables. Esto los convierte en extremadamente apetecibles y viciosos hasta cierto punto. Pero, a la vez, esas sustancias añadidas condicionan que no estén indicados para comer de forma regular. Evítalos, por ti y por Janis.

No hay que hacer excepciones con los guisos tradicionales o las comidas populares; si no están excesivamente salados, son tan buenos como cualquier otro producto, y si encima los tomáis en casa y están especiados o condimentados, se acostumbrará a ello; a fin de cuentas, es lo que acabará comiendo durante buena parte de su vida.

Todos estos productos alimentarios que hemos listado previamente y que no son saludables solo se comerán de forma ocasional. Y ahora te preguntarás: ¿a qué se refiere este cuando dice «de forma ocasional»? Muy fácil: vuelve a la pregunta 6 del capítulo 9.

Un par de observaciones para rematar el tema: 1) los niños habitualmente no tienen nómina y quien compra lo que se comen sois vosotros; 2) no lo compréis que se/te lo come/s (esta se la he robado a Julio Basulto, experto dietista-nutricionista).

2. Al supermercado:
   a. Es preferible ir con hambre.
   b. Es preferible ir sin niños.
   c. Es preferible ir a última hora.
   d. Es preferible ir con la lista de la compra hecha.

Correcta: d. Al supermercado, como a muchos otros sitios, hay que ir con los deberes hechos, y esto significa varias cosas: primero, haber planificado los menús; segundo, haber hurgado en la despensa y en la nevera para ver qué es lo que necesitamos, y por último, hacer una lista de la compra con lo que de verdad necesitáis.

Planificar los menús es la base de una buena alimentación, nos permite dedicar un tiempo a ver qué es lo que vamos a comer, adaptándolo para evitar productos innecesarios y acomodándolo a los gustos de la familia. Todo ello nos permite también ahorrar.

De la planificación de los menús saldrá la lista de la compra y, de ella, el resultado de lo que contenga nuestro carro.

Es importante que mientras merodeamos por los pasillos del supermercado no caigamos en tentaciones superfluas y nos ajustemos a nuestra propuesta inicial. Esto será mucho más difícil hacerlo siempre que vayamos al comercio con la tripa vacía y con sensación de hambre.

Fijaos en que la mayoría de los supermercados y las grandes superficies tienen la misma distribución: una zona periférica donde están los productos de primera necesidad y los alimentos frescos, y una cantidad brutal de pasillos centrales donde tienen el resto de los alimentos en inacabables lineales, la mayoría de ellos ultraprocesados y tirando a poco sanos. A no ser que estemos buscando alguna cosa muy concreta, podemos saltarnos alegremente el paseo por todos esos pasillos llenos de cajas de colorines, cada una de ellas con sus correspondientes reclamos publicitarios. Ahí habitan todos los enemigos de la alimentación saludable.

Responder al dilema sobre si a la compra debemos ir con o sin niños es complicado. No nos engañemos, gran parte de ese mundo de color del supermercado está creado para que sean ellos el objetivo del deseo. Muchas de las tentaciones que hay por ahí están también puestas para satisfacer sus antojos. Mi consejo es que, si estáis decididos a hacer una compra saludable, con vuestra lista bajo el brazo, y sois capaces de no sucumbir a sus presiones y chantajes, los llevéis con vosotros porque, al fin y al cabo, hacer bien la compra es un aprendizaje más que les estáis aportando. Y ya hemos comentado que educarse por imitación de los padres es uno de los aprendizajes más consistentes, sólidos y duraderos.

Si, por el contrario, no tenéis muy claro que eso vaya a ser así, lo mejor es no llevarlos con vosotros y esperar a que progresivamente entiendan la situación y se familiaricen con ese paraíso de la voracidad incontrolada. Tened en cuenta también que muchos de los productos que os pidan ni siquiera será porque les apetezca comérselos, sino por lo atractivo del embalaje, por las imágenes de algún personaje conocido que aparezca en él o porque lo han visto publicitado en alguna parte. Muchas veces ni tan siquiera sabrán qué es lo que contiene en su interior.

Los bebés, lógicamente, no se enteran del mundo súper y no generan problemas, pero a partir de los 18-24 meses entran en una fase en la que saben lo que quieren, pero no entienden que no pueden. Esta etapa dura hasta el tercer año aproximadamente y a partir de ahí va mejorando, entonces, además del «no», son capaces de comprender el motivo del «no». Ese espacio de tiempo coincide precisamente, y por ese motivo, con el de las famosas pataletas. Si Janis es dócil, probablemente no os generará problemas a ninguna edad y aprovechad para ir a la tienda con ella, pero si es de las que tienen carácter, no vale la pena entrar en discusiones cada vez que vayáis de compras, hacedlo cuando esté en la escuela y ya aprenderá más adelante. Valga esta parrafada para cualquier situación que le genere alguna de esas pataletas.

3. ¿Tenemos que aprender a descifrar las etiquetas de los productos alimentarios?
   a. No insistas, eso no hay quien lo entienda.
   b. Únicamente los que van en caja de cartón.
   c. El saber no ocupa lugar.
   d. Si llevan etiqueta es que son saludables.

Correcta: c. Vayamos por partes. Si llevan etiqueta es que son aptos para la venta y para el consumo y están sanitariamente verificados. Cualquier alimento envasado que compremos, sea donde sea e independientemente del envasado, debe llevar su correspondiente etiqueta nutricional. En ningún caso eso los convierte en saludables.

Podemos saber si son más o menos saludables interpretando el etiquetado del producto, que lleva dos apartados principales:

- *Lista de ingredientes*: esta debe contener todos los ingredientes del producto alimentario teniendo en cuenta —y esto es muy importante— que están ordenados por la cantidad del ingrediente que contienen: igual que en los créditos de las pelis, donde los actores principales siempre salen al principio. Así pues, por poner un ejemplo, si vamos a comprar un humus de garbanzos y al leer la lista de ingredientes por delante de los garbanzos aparecen diversas harinas o féculas, es muy probable que la cantidad de garbanzos que contenga ese humus no sea la que esperaríamos encontrar. Es algo muy fácil de verificar y que nos ayuda a descartar productos en el momento de la compra. Esa lista también nos dirá si hay algún alérgeno (sustancia capaz de producir alergia) alimentario de obligada declaración. Otro truqui: si la lista contiene más de cinco ingredientes, muy saludable no será.
- *Información nutricional*: ¡Ojocuidao! En muchas ocasiones el fabricante pone dos listados en paralelo: el correspondiente a 100 g y el correspondiente a una porción. Este último está hecho en función de lo que a él le parece que te vas a comer y, por tanto, ni está unificado ni sirve para comparar diversos productos entre sí. Así que nos basaremos siempre en la información por 100 g de producto.

Ahí se detalla el valor energético en kilocalorías, las grasas (y cuántas de estas son saturadas) y los hidratos de carbono (compuestos por azúcares, proteínas y sal, entre otros). Es más difícil de interpretar que la lista de ingredientes, pero debemos prestar atención a que el valor energético, las grasas (especialmente las saturadas) y los hidratos de carbono (especialmente los azúcares añadidos) no sean muy elevados, así como que el contenido en sal sea razonable. Para poner todo ello en contexto, la OMS recomienda 3 g de sal al día entre los 2 y los 7 años de edad, 4 g entre los 7 y los 10 años y 5 g de ahí en adelante. Por hacernos una idea, una cucharadita de café contiene 5 g, así que echad cuentas... Los menores de 2 años nunca deberían tomar sal añadida y deberíamos ser cuidadosos de no ofrecerles comidas excesivamente saladas durante la cocción o en el aliño.

Tampoco pretendo que os saquéis un doctorado en nutrición, pero acostumbrarse a mirar el etiquetado de los productos es fácil, e interpretarlo, relativamente sencillo. Por lo menos sirve para descartar a los malos de la película. Al poco tiempo ya sabremos qué es lo que no hay que echar en el carro.

4. ¿Dejamos que se quede a comer en la escuela?
   a. Sí.
   b. No.
   c. Depende.
   d. Todas las anteriores son ciertas.

Correcta: d. Decidir si vais a dejar a Janis a comer en el jardín de infancia o en la escuela es algo muy particular. Vaya por delante que la mayoría de esos centros cuentan con menús preparados por especialistas y supervisados por profesionales para que sean lo más saludables posible.

Es muy probable que por vuestra situación familiar no tengáis más remedio que hacerlo. De ser así, seguid adelante con la decisión sin ningún temor. En cualquier caso, recordad que el comedor escolar únicamente ofrece uno de los ágapes diarios y que el resto dependen de vosotros.

Si podéis escoger, tampoco rechacéis de plano ese servicio; hemos visto que suele ser adecuado y aporta algunas ventajas: se acostumbran a alimentos que puede que en casa tomen con menos frecuencia, socializan a la hora de comer y se les enseñan algunas normas al respecto. No os preocupéis por si no come lo suficiente, ni temáis que desde el centro se os oculte. Son tan responsables en ese sentido como en cualquier otro y, además, no hay cosa que fastidie más a los supervisores del comedor que un niño dispuesto a no comer y a dar la tabarra durante ese momento. Os lo harán saber seguro.

No es mala decisión que de vez en cuando, o algún día fijo a la semana, haga la comida ahí. Veréis cómo pronto Janis se aprende el *planning* de memoria y en ocasiones incluso le hace ilusión; os llevaríais las manos a la cabeza de la cantidad de niños que, al preguntarles en la consulta, nos dicen que prefieren la comida de la escuela a la de su casa. Este es el momento en que las madres se sonrojan y enmudecen sin poder articular palabra; momento «tierra trágame» clásico en pediatría. Tampoco hace falta que ahora los adoctrinéis para que nos digan lo contrario, ¿vale?

Desde el centro os facilitarán el menú escolar con antelación, lo que os servirá para supervisarlo y, a la vez, para que lo complementéis debidamente la noche correspondiente. Insisto en que las demás comidas del día (de igual importancia todas) son de vuestra responsabilidad. Juan Revenga, otro dietista-nutricionista top, siempre dice que cuando le preguntan sobre cuál es la comida más importante del día, responde que es lo mismo que averiguar cuál es la rueda más importante de un coche... Un sabio, sin duda.

5. ¿Y si se va de casa al cole sin desayunar?
    a. No rendirá en la escuela.
    b. Le bajará el azúcar.
    c. Los días de gimnasia, por lo menos un zumo o leche.
    d. Pche..., no pasa nada.

Correcta: d. ¡No pasa nada! Todos tenemos algún amigo al que a primera hora de la mañana no le entra nada. Es el típico que desaprovecha los copiosos bufets libres del desayuno de los hoteles ante el asombro de todos. Con los niños pasa lo mismo; algunos se despiertan con un hambre atroz, pero hay otros a los que no les apetece tomar nada hasta pasado un buen rato. Si Janis pertenece a este segundo grupo, no tenéis que preocuparos lo más mínimo. Me explico. Mucho se ha hablado al respecto, especialmente haciendo supuestas teorías sobre que el azúcar de la sangre les bajará en exceso y su rendimiento será peor del esperado. No hay nada de cierto en todo ello. El hecho de que el cerebro se alimente de glucosa y que esta esté contenida en los hidratos de carbono (azúcares y similares) no tiene nada que ver con que tengamos que comer constantemente. Nuestro organismo tiene sus propias reservas y de ahí extrae los nutrientes que necesita para cada momento. Si Janis es de las que prefieren hacer un «desayuno en diferido» (término acuñado por Carlos Casabona, prestigioso pediatra y amigo), no tendrá ningún problema de rendimiento escolar ni desfallecerá los días que tenga actividades deportivas a primera hora de la mañana. Eso sí, deberéis tenerlo en cuenta a la hora de preparar su desayuno de media mañana porque entonces sí que es posible que se zampe lo que le pongáis y el desayuno de varios compañeros. Y no querréis salir retratados en el WhatsApp de los papis del cole, ¿verdad?

6. ¿Y si come en casa de los abuelos?
    a. La abuela le da lo que quiera, y punto.
    b. Le tendremos que leer la cartilla a la abuela.
    c. Va bien, ellos siempre comen sin sal.
    d. Cualquiera de las anteriores puede valer.

Correcta: d. Pues sí, es cierto que cualquiera de las respuestas puede ser válida, entre otras cosas porque he ocultado a cosa hecha la frecuencia con la que Janis va a comer en casa de sus abuelos. Si lo va a hacer de forma esporádica, no creo que valga la pena inscribir a la abuela en un curso acelerado de cocina saludable, a buen seguro que ella lo hace suficientemente bien y no vamos a arremeter contra la ilusión que tiene por prepararle a Janis sus comiditas, ni contra la de Janis por comer en casa de la yaya.

Si son los abuelos los que se encargan de hacer de manera habitual su comida, probablemente no esté de más darles unas mínimas normas básicas. Seguro que se lo toman a bien y están encantadísimos. Y si habitualmente comen sin sal, Janis se acostumbrará a ello y lo aceptará con total naturalidad; no sería adecuado recomendar que le añadan sal a su comida. Con el tiempo es posible que le sepa mejor la comida de casa de los abuelos que la vuestra.

13

El mundo exterior es muy peligroso. El interior, más

Tan cierto como lamentable, amigos. El mundo en general está lleno de peligros que acechan a los niños; cualquier circunstancia y cualquier situación pueden tener un componente de riesgo que siempre debéis considerar. La mayor parte de las veces la cosa no irá más allá de un desagradable susto, pero por desgracia no siempre es así. Ya hemos visto que eso incluso empieza los primeros días de vida con la posición en la que pongamos al bebé en su cama o en algo tan usual y aparentemente inofensivo como es la hora de comer. No vamos a repasar esos aspectos, pero sí es conveniente que antes de llegar al final de este libro tengáis idea de cuáles pueden ser esos peligros, y cómo evitarlos. Es fácil darse cuenta de que, dada la cantidad de tiempo que pasan en el domicilio, los peligros de ese mundo interior deben estar bien identificados y atenuados al máximo. Es una sencilla cuestión de horarios. Así que a tomar apuntes, que esto también va al examen final.

1. **Cuando le demos de comer a Janis:**
   a. Si ya es capaz de estar sentada, podemos colocarla en una silla del comedor.
   b. Podemos colocar su sillita encima del sofá y ahí darle de comer.
   c. La perseguiremos por toda la casa cuchara en mano para embutirle la comida.
   d. Una trona es lo más adecuado.

Correcta: d. En el momento de darle de comer, lo más práctico será buscar una ubicación que sea segura para ella y cómoda para todos. Por eso vale la pena que esté relativamente elevada y a nuestra altura. A pesar de que ella tenga la capacidad de mantenerse relativamente estable sentada, cualquier balanceo del cuerpo podría hacer que cayese de una silla normal. Algo parecido nos puede pasar si colocamos su sillita encima de un sofá o de cualquier otro mueble. Por tanto, lo más adecuado será, a partir del momento en que sea capaz de mantenerse erguida, ponerla a comer en una trona que debe estar homologada y en la que habitualmente el fabricante define las edades para las que es adecuada. Emplearemos la trona hasta que veamos que es capaz de sentarse en una silla con total seguridad, dejándonos guiar por el sentido común y sin perder de vista el riesgo inherente que puede comportar.

No es necesario aclarar que debe estar sentada y cómoda cuando le demos de comer y que perseguirla cuchara en ristre es, aparte de incómodo, poco adecuado.

2. Los andadores:
    a. Siempre deben estar homologados.
    b. Deben ser ligeros y estables.
    c. Mínimo de tres ruedas.
    d. ¿Andadores? Ni en pintura.

Correcta: d. Los andadores son de los artilugios más peligrosos que puede haber en una casa. Los pediatras los desaconsejamos siempre. Janis debe empezar a andar cuando esté preparada para ello en todos los sentidos. Protegerse con las manos delante de la cara al caer es un reflejo que aparece con el tiempo; por tanto, si la colocamos muy temprano en un andador, puede no estar presente todavía, lo que supone una fuente inagotable de topetazos en la cabeza. Por otra parte, los niños en el andador van un poco patosos los primeros días, pero pronto son capaces de cogerle el truquillo y de desplazarse con relativa habilidad y rapidez; eso hace que, si alguna de las ruedas se encalla con, por ejemplo, el marco de una puerta, el artefacto vuelque con cierta facilidad. Otro topetazo. No quiero ni contaros lo que puede suceder cuando juntamos un niño en un andador y una casa con escaleras sin que estas estén debidamente protegidas.

Decididamente, andadores en ningún caso. Si os regalan uno, siempre podéis pedir con delicadeza el comprobante de la compra, aduciendo que ya tenéis uno encargado, para poder cambiarlo por cualquier otra cosa en la tienda. De nada.

Última anotación al respecto: por el hecho de usarlos, ni aprenden a andar antes ni aprenden a caer mejor.

3. Respecto a los muebles de la casa:
   a. Hay que redecorarlo todo.
   b. Están divinos, las visitas quedarán encantadas.
   c. Hay que cambiarlos por unos de goma.
   d. De momento, todo igual. Todo a su tiempo.

Correcta: a. Tenéis una casa divina de la muerte, no me cabe la menor duda, con detallitos encantadores en todos los rincones. Pero la llegada de Janis debe haceros replantear toda esa decoración, y cuanto antes, mejor, porque cuando os queráis dar cuenta ya la tendréis recorriendo el comedor y correteando por el pasillo y las habitaciones a gatas. Sobre todo debéis prestar atención a lo siguiente:

- *Muebles bajos*: proteged todas sus esquinas con unos elementos específicos para ello.
- *Objetos de decoración*: retirad todos aquellos que en un momento dado puedan estar a su alcance, especialmente los que sean frágiles y puedan acabar hechos añicos al primer golpe.
- *El costurero*: ¡fuera!
- *Enchufes*: blindadlos también con los protectores específicos que hay para ese fin. Daos cuenta de que algunos de ellos (los protectores) son de un tamaño relativamente pequeño; por tanto, cuando no estén en su lugar porque el enchufe está ocupado, deben permanecer lejos del alcance de Janis.
- *Escaleras*: ni que decir tiene que deben estar protegidas con puertas (y cierres de seguridad) que imposibiliten su paso.
- *Cajones*: es importante también dotarlos de elementos que impidan abrirlos con facilidad. Por una parte, existe el riesgo de que al pegar un tirón, el cajón o el mueble entero caiga encima del niño. Por otra, el contenido del cajón puede ser peligroso (los de la cocina suelen estar llenos de armas letales).
- *Productos de limpieza y similares*: ya sé que los tenéis guardados en un armario del lavadero o debajo de la pica de la cocina. Un clásico. Pero si esos armarios están en una zona baja, es importante retirar los productos de ahí y colocarlos en una zona que esté lejos de su alcance. La mayor parte de estos productos son extremadamente tóxicos y algunos tienen unos envases muy atractivos para los niños, por lo que no es raro que si consiguen hacerse con ellos, les echen un trago, lo que genera las más de las veces una visita a Urgencias del

hospital y acabar con una sonda para hacerle un lavado gástrico. Una experiencia fácil de evitar si sois precavidos.

Por si acaso os dejo aquí el número de teléfono del Instituto Nacional de Toxicología. Espero que no tengáis que usarlo nunca, pero llegado el momento una llamada ahí dando el nombre del producto que ha ingerido os servirá para que os den una respuesta sobre lo que debéis hacer. Funciona las 24 horas del día y este es el número en cuestión: 91 562 04 20.

- *Medicamentos*: lo mismo que os he dicho para los productos de limpieza vale para los medicamentos, con cuatro detalles añadidos que los hacen todavía más peligrosos:
  - Un producto de limpieza puede ser inocuo, mientras que un medicamento siempre tiene un efecto, y cuando no se da por necesidad, este siempre es nocivo.
  - La dosis con que eso sucede es muy baja.
  - Los niños están acostumbrados a los medicamentos y no les tienen miedo. Es más, algunos les resultan agradables de sabor.
  - Los niños se lo llevan todo a la boca, por lo que esas pastillitas para el corazón de tita Juani les resultan de lo más goloso.
  - El número para este tipo de urgencias es el mismo: 91 562 04 20. Luego no me digáis que no sabíais dónde estaba.
- *Electrodomésticos*: mantened aquellos que tienen cuchillas o partes punzantes, como las batidoras o licuadoras, lejos de su alcance. Poned elementos de seguridad en los interruptores de los fogones, sean de gas o eléctricos; siempre resultará peligroso que pueda accio-

narlos. Y, por último, recordad que si dejáis el lavavajillas abierto, estáis poniendo alguna de esas armas letales que tenéis en los cajones a su altura.

- El *cubo de la basura* y el de *reciclar el vidrio* tampoco
  conviene que estén a su alcance, y aquí me ahorro las
  explicaciones.
- En el *baño* suele haber elementos cortantes o punzantes: maquinilla de afeitar, tijeras de uñas... Recordad
  ponerlos a una distancia prudencial. Y como algunos
  guardáis ahí los medicamentos..., pues eso.

  Si sois de los que ponéis desinfectante en la cubeta
  de guardar la escobilla del inodoro, ya os estáis olvi-
  dando del tema a no ser que el día menos pensado queráis encontraros a Janis tomando un chupito de lejía.
- *Ventanas*: es importante que no tenga acceso a ellas,
  evitad poner muebles a los que se pueda subir debajo de
  ellas y protegedlas con cierres de seguridad.

Es posible que haya más puntos de riesgo y estoy seguro
de que con vuestra habitual sagacidad sabréis dar con ellos
y protegerlos de manera adecuada. Para empezar, tened
mucho cuidado con estos que os he enumerado y nunca
penséis que vuestra hija está exenta de algún peligro por el
hecho de serlo. Ningún padre quiere poner a su hijo en riesgo, pero desgraciadamente los accidentes domésticos siguen
siendo una de las urgencias más frecuentes.

Tanto vale lo que os he dicho para las vuestras como
para las casas ajenas a las que vayáis: pensad que si ahí no
hay niños, todos estos aspectos de seguridad no se habrán
tenido en cuenta.

A lo mejor os he agobiado un poco con todo esto, pero
en términos de seguridad siempre es mejor permanecer vigi-

lante y un poco agobiado que dejar que las cosas discurran por su cauce natural. Que no suele ser el de final más feliz.

4. En la piscina:
   a. Si tenemos la seguridad de que nada bien, no hay peligro.
   b. Jamás puede estar en el agua sin supervisión.
   c. El flotador siempre es un elemento de seguridad importante. De ahí su nombre: salvavidas.
   d. Nunca puede estar en el agua sin supervisión.

Correctas: b y d. Está claro que hay dos respuestas verdaderas, entre otras cosas porque «jamás» y «nunca» vienen a significar lo mismo. No es más que para resaltar que, por más seguros que estemos de que nuestro pequeño es capaz de nadar con total soltura y lo haya demostrado cientos de veces, no debemos dejarlo jamás (nunca) bañarse en la piscina o en la playa sin la supervisión permanente de un adulto. Y esto es extensivo a la bañera cuando son más pequeños. El peligro está, más que en su mayor o menor capacidad para desenvolverse en el agua, en que algún hecho puntual (susto, atragantamiento, corte de digestión...) pueda trastocarlo momentáneamente y hacer que desaparezca toda esa habilidad acumulada.

Lo anteriormente expuesto sirve también para cuando el pequeño está con flotador, en especial si este no es de chaleco (que debe estar convenientemente homologado). Muchos de los salvavidas habitualmente empleados no son en absoluto seguros; es más, con alguno de ellos, los típicos redondos hinchables, el pequeño puede darse la vuelta y quedar con la cabeza dentro del agua, impidiéndole recuperar la posición inicial. Los manguitos reducen en exceso la movilidad de sus brazos, las burbujas o los churros son adecuados para mejorar su habilidad, pero en absoluto son un elemento de seguridad. Los que nos ofrecen más confianza son los chalecos de neopreno, pero nunca tanta como para dejar al pequeño sin vigilancia.

Es tremendo el número de menores que fallecen cada año a causa de ahogamientos, la mayor parte de ellos en entornos familiares y aparentemente seguros.

No olvidemos que todos estos accidentes son silenciosos: cuando el niño está con la cabeza dentro del agua no puede gritar y su capacidad de reacción se agota en escasos minutos. Esos gritos desaforados y esas tremendas agitaciones de brazos que vemos en todas las películas de catástrofes marinas no suelen darse en la vida real.

Por tanto, sí a los baños en la playa y a los chapuzones en la piscina, pero siempre con un adulto permanentemente pendiente de él. Ni el *Hola!* ni el móvil son buenos compañeros a la hora de vigilar a un niño.

5. En el parque infantil:

   a. Peligroso por naturaleza.
   b. Diseñado por expertos. No hay peligro.
   c. Revisar homologaciones y actuar en consecuencia.
   d. Mejor no llevarlos.

Correcta: a. Los parques infantiles son uno de esos elementos a los que nos referimos cuando hablamos del mundo exterior. El hecho de que cualquier componente esté colocado ahí no garantiza su seguridad, ni mucho menos que sea adecuado para la edad de vuestro hijo.

Es conveniente llevarle a esas zonas de diversión: conocerá un nuevo mundo, hará amistades y, no menos importante, los papás podréis socializar con otros adultos que están en circunstancias similares a las vuestras. Pero todo eso no es excusa para que podamos tener el más mínimo despiste. Mantened a Janis alejada de los columpios cuando haya niños que los estén usando, y tened cuidado con aquellos juegos infantiles en los que sea necesario trepar o subir escaleras, como los toboganes, ya que siempre existe la posibilidad de una caída. No tengáis prisa por ponerla en los elementos que todavía no son adecuados para su edad. Todo se andará. El hecho de evitarle incómodas caídas y tropezones, más allá de su seguridad, también aumenta su autoestima y la confianza en sí misma. No estoy diciendo en absoluto que debáis mantenerla en una burbuja protegiéndola constantemente de cualquier disgusto, los traspiés y topetazos también son necesarios y la ayudan a curtirse y a darse cuenta de dónde está el riesgo. Este aprendizaje, junto con vuestras advertencias, es tan necesario como cualquier otro, pero si podemos evitar acabar en Urgencias la tarde de un plácido domingo, mejor que mejor.

14

Llegando al final, vamos a por nota

Estamos llegando al final, así que vayamos a por nota, y no a por una nota para vosotros, queridos papás y mamás, sino a por esa nota que intentáis ponerles a vuestros hijos cuando inevitablemente competís con los demás progenitores en las habilidades de vuestros retoños. Un par de preguntitas sobre temas que sé que os traen de cabeza.

1. ¿Cuándo debo pensar que algo no anda bien?
   a. Cuando el peso y talla de Janis son menores que los de los demás niños de la guarde.
   b. Cuando Janis todavía no come lo mismo que los niños de su clase.
   c. Cuando todos dicen «papá», «mamá» y «cuñado» y ella todavía no.
   d. Ninguna de las anteriores es cierta.

Correcta: d. Desengañaos, es inútil iniciar una competición respecto a las habilidades de vuestros hijos con los demás papás del parque, pues las suyas siempre son más y, si no, se las inventan. Tampoco tiene sentido comparar el peso, la talla o lo que sea capaz de hacer Janis con los niños de entorno.

Ya hemos visto que el peso y la talla tienen unos márgenes de normalidad muy amplios; básicamente dependen de su sexo y de cómo seáis vosotros, y en función de eso se irá desarrollando dentro de unos límites. No os empeñéis en que sea tan alta como esa hija de un jugador de baloncesto que va a su clase, porque probablemente no consigáis más que frustraros cada vez que las veáis de costado.

Algo muy similar pasa con sus habilidades psicomotoras; las irá adquiriendo poco a poco y a su aire. Tan probable es que haya niños a su alrededor que vayan más adelantados en algunas adquisiciones como que los haya que vayan más retrasados; sin embargo, nuestra tendencia natural siempre está en echar el ojo a los que van por delante para intentar alcanzarlos. No tiene ninguna lógica, pero es innato a nuestra sociedad.

Dentro de esos hitos del desarrollo también incluimos sus gustos y preferencias, lo que incluye la diversificación de la alimentación. Si sois constantes en lo que le ofrecéis y predicáis con el ejemplo, acabará por aceptar todos los alimentos con normalidad.

Cada niño es un mundo que sigue su propio ritmo, y así debemos verlo y aceptarlo, tanto desde el ámbito de los profesionales como desde vuestro punto de vista.

Por supuesto, cualquier duda que tengáis podéis consultarla con el pediatra, pero no os obsesionéis con hacer competiciones de papás porque ellos, insisto, siempre ganan.

2. ¿Para qué sirven los percentiles, esa gráfica maldita?
   a. Son la prueba definitiva de cómo va Janis de salud.
   b. Están sobrevalorados.
   c. Son una herramienta orientativa de uso profesional.
   d. ¿Percentiles? ¿Eso qué es?

Correcta: c. Si has respondido la d, caben dos posibilidades: o nunca has tenido un hijo, o eres un poco pasota. En cualquiera de los dos casos, déjame decirte que las gráficas de percentiles son unas tablas que empleamos los pediatras y que nos sirven para ver la evolución del peso y la talla de los niños. Obsérvese que he empleado la palabra «evolución» para poner de relieve que un registro aislado de cualquiera de esos parámetros nos da muy poca información, a no ser que estemos hablando de alguien que excede con creces los límites de la normalidad. Esas tablas resultan útiles al equipo de pediatría para hacer un adecuado seguimiento y están basadas en valores promedio de la población infantil con unos límites que determinan la normalidad tanto por la parte superior como por la inferior. Somos conscientes de que a muchos padres os preocupa el valor de los percentiles de vuestros hijos e interpretáis de manera errónea que la tendencia adecuada está en ir aumentando siempre, como si de una evaluación se tratara. Craso error. Lo normal es que a lo largo del tiempo cada niño se mantenga más o menos estable en sus propias cifras de percentiles, y en caso de haber variaciones, estas no sean repentinas ni acentuadas. Tan normal es el niño que se desarrolla alrededor del percentil 25 como el que lo hace alrededor del 75. Del primero controlaremos que no baje, mientras que lo adecuado para el segundo será que no suba. Pero, por encima de eso, lo que nos importa es la tendencia que muestre en las últimas determinaciones; un valor aislado y nada nos acaban dando la misma información.

Quedémonos con que no son, en absoluto, algo que defina el estado de salud del niño y que tan solo son una herramienta de trabajo más para los profesionales de pediatría. Su interpretación depende de muchos factores y no debería suponeros un motivo de preocupación en qué punto caiga vuestro hijo en ellos. En algunas consultas se imprimen para que los vayáis acumulando; personalmente, me parece poco adecuado cargaros con la responsabilidad de llevar eso encima ya que somos nosotros los que debemos interpretar esos valores y, llegado el momento, daros todas las explicaciones pertinentes.

Bien, pues hasta aquí hemos llegado... Juntos, espero. La intención de este libro no es otra que introduciros en el apasionante mundo del manejo de un niño o niña durante las primeras etapas de su vida, que suelen ser las más complejas, especialmente para los novatos, y asimismo están más cargadas de mitos y tabús de los que no es fácil deshacerse. Si con su lectura he conseguido que mejoréis vuestras aptitudes, aunque sea en una pequeña parte, me doy por satisfecho. Siempre podéis echarle un vistazo de vez en cuando para seguir aprendiendo, dándole la razón a la abuela o contradiciendo al cuñado. Tenedlo a mano para cualquier cena de Navidad, especialmente la primera que paséis con la familia y vuestro bebé, y veréis cómo os da mucho juego: es un momento propicio para que todos opinen, por eso tener cerca el libro de Pepe (es decir, yo) os vendrá de perlas.

No me queda mucho más por decir salvo agradeceros la atención que hayáis podido prestarme y, cómo no, el detalle que ha tenido con vosotros quien os haya regalado el libro.

Un consejo final: si la humanidad lleva miles de años sacando adelante a su prole, no vais a ser vosotros menos. No os agobiéis, porque lo normal es lo más frecuente, y en caso de duda, consultad con un profesional.

Dicho esto, creo que ahora sí ya estáis suficientemente preparados para el...

15

Examen final

1. En referencia a la alimentación de la futura mamá, ¿deberían introducirse algunas variaciones en especial?

a. Cualquier tipo de alimentación debería mantenerse igual para no alterar el metabolismo de la embarazada.

b. Si la alimentación es saludable, puede mantenerse igual, aunque no está de más que sea supervisada.

c. Se debería aumentar siempre el consumo de vegetales.

d. Incrementar la proporción de embutidos favorece la formación de sangre y evita la anemia.

Correcta: **b.** De no haber acertado, repasa la pregunta 1 del capítulo 3.

2. Antes de ir al hospital a parir, ¿debo tener la habitación de mi retoño preparada e impoluta para cuando vuelva del hospital?

a. No es necesario, durante los días de mi estancia en el hospital la suegra lo hará.

b. Pues no, tampoco va a dormir ahí…

c. ¡Claro! A ver si cuando volvamos a casa va a tener que dormir en el trastero.

d. ¡Ah! ¿Los niños tienen habitación aparte?

Correcta: b. De no haber acertado, repasa la pregunta 4 del capítulo 3.

3. **¿Qué es lo primero que vas a hacer una vez haya nacido el bebé?**
   a. Ponerlo bien guapo y echarle unas fotos para el Instagram.
   b. Dárselo a la abuela para que lo vista rápidamente.
   c. Empezar con el «piel con piel».
   d. Que se lo lleven a la *nursery*, ¡tenemos que descansar!

Correcta: c. De no haber acertado, repasa la pregunta 1 del capítulo 4.

4. **Si no le podemos dar lactancia materna al recién nacido:**
   a. Forzamos al máximo.
   b. Entramos en dinámica de mala familia.
   c. Estamos en el siglo XXI: lactancia artificial.
   d. La leche de camella es buena sustituta.

Correcta: c. De no haber acertado, repasa la pregunta 3 del capítulo 4.

5. **Respecto a las visitas de familiares a un recién nacido en el hospital:**
   a. ¿Visitas? No, gracias.
   b. Cuanto antes vengan todos, antes acabaremos.
   c. Solo familiares directos.
   d. Solo los niños de la familia para que lo vayan conociendo.

Correcta: a. De no haber acertado, repasa la pregunta 6 del capítulo 4.

6. La recomendación sobre la frecuencia en que debe comer un bebé es:
   a. Cada tres horas.
   b. A demanda.
   c. Intentando que aguante al máximo.
   d. A lo loco.

Correcta: b. De no haber acertado, repasa la pregunta 2 del capítulo 6.

7. ¿Cuándo se ponen las primeras vacunas?
   a. De recién nacido, no.
   b. Empezaremos a los 2 meses.
   c. ¿«Vacuna» viene de «vaca»?
   d. Todas las anteriores son ciertas.

Correcta: d. De no haber acertado, repasa la pregunta 6 del capítulo 6.

8. Si nos olvidamos de ponerle alguna vacuna, ¿la podremos recuperar más adelante?
   a. Sí.
   b. No. Santa Rita Rita…
   c. Pocas veces.
   d. Cuidado con eso. Casi nunca se pueden recuperar.

Correcta: a. De no haber acertado, repasa la pregunta 8 del capítulo 8.

9. Ir a la guarde (jardín de infancia):
a. Es básico en su desarrollo intelectual.
b. Ya aprenderá más adelante lo que haga falta, aunque no vaya.
c. ¿En la guarde se aprende?
d. Total... está siempre con mocos y al final no va a ir nunca.

Correcta: b. De no haber acertado, repasa la pregunta 2 del capítulo 10.

10. Las infecciones en los bebés:
a. Son un peñazo.
b. Son inevitables.
c. Suelen ser más frecuentes en los que van a la guardería.
d. Todas las anteriores son correctas.

Correcta: d. De no haber acertado, repasa la pregunta 1 del capítulo 11.

11. En referencia al calzado, una vez comienzan a andar, este debería ser:
a. De marca siempre.
b. Aprobado por sociedades científicas.
c. Adecuado a sus necesidades.
d. Imprescindible todo lo anterior.

Correcta: c. De no haber acertado, repasa la pregunta 13 del capítulo 9.

12. Hablamos de fiebre cuando la temperatura es:

a. En la axila, superior a 37,5 °C.

b. En la axila, superior a 39 °C.

c. En la axila, superior a 38 °C.

d. En el recto, superior a 39,5 °C.

Correcta: c. De no haber acertado, repasa la pregunta 3 del capítulo 11.

13. «Comer de todo» en un niño significa:

a. Pues eso, de todo, de-to-do.

b. El «de todo» de ahora ya no es como el de antes.

c. Lógicamente, algunos guisos y comidas populares no podrá comerlas hasta los 7 u 8 años.

d. La a y la c son ciertas.

Correcta: b. De no haber acertado, repasa la pregunta 1 del capítulo 12.

14. Los andadores:

a. Siempre deben estar homologados.

b. Deben ser ligeros y estables.

c. Mínimo de tres ruedas.

d. ¿Andadores? Ni en pintura.

Correcta: d. De no haber acertado, repasa la pregunta 2 del capítulo 13.

15. ¿Cuándo debo pensar que algo no anda bien?

a. Cuando el peso y la talla del bebé son menores que los de los demás niños de la guarde.

    b. Cuando mi niño todavía no come lo mismo que los niños de su clase.

    c. Cuando todos dicen «papá», «mamá» y «cuñado» y él todavía no.

    d. Ninguna de las anteriores es cierta.

Correcta: d. De no haber acertado, repasa la pregunta 1 del capítulo 14.

16. Cuando estemos en la piscina:
    a. Si tenemos la seguridad de que nada bien, no hay peligro.

    b. Jamás puede estar en el agua sin supervisión.

    c. El flotador siempre es un elemento de seguridad importante. De ahí su nombre: salvavidas.

    d. Nunca puede estar en el agua sin supervisión.

Correcta: b y d. De no haber acertado, repasa la pregunta 4 del capítulo 13.

17. ¿Y sobre lo de tomar una copita de alcohol de vez en cuando en el embarazo?
    a. Está claro que si únicamente es de vez en cuando no puede ser malo.

    b. Mejor no restringir la ingesta habitual para que el cuerpo no se resienta.

    c. La cantidad de alcohol recomendada durante el embarazo es ninguna.

    d. Si es bueno para mí, lo será para mi futuro bebé, ¿no?

Correcta: c. De no haber acertado, repasa la pregunta 9 del capítulo 3.

LAS NOTAS. PACO, NOS VEMOS EN SEPTIEMBRE

Fácil, ¿eh? Además, son las mismas preguntas que en el primer capítulo, por si al leerlo en el texto os llamaba especialmente la atención. La verdad es que en el fondo somos bastante comprensivos...

Evalúa aquí tus conocimientos:

- Si has acertado menos de 5, lo tuyo no es la maternidad ni la paternidad ni nada que se les parezca. Estoy más por mandarte a que repitas segundo de guarde que por animarte a que te leas de nuevo el libro seis o siete veces más.
- Entre 5 y 8, no tienes excusa. Netflix, el grupo de WhatsApp del gimnasio y/o el macramé te tienen demasiado absorbido mientras intentas leer. Has superado la primaria, pero debes prestar más atención a la vida en general y al noble arte de la lectura en particular.
- Entre 8 y 13, la cosa no está mal. Esperemos que el primer día que tengas a Janis en casa no te caiga ninguna de esas que no te sabías. Ánimo.
- De 14 para arriba eres una crac. Cuando me pida las vacaciones, en ti tengo una candidata para colgarle el fonendo[10] en mi ausencia. Pero no te vengas arriba y échales un repasillo a las que has fallado.

10. Eso que nos ponemos los pediatras al cuello para que en los ambulatorios y en los hospitales sepáis con quién estáis hablando. No es por chulear, es que siempre nos dejamos la acreditación en la taquilla...

«Para viajar lejos no hay mejor nave que un libro».

EMILY DICKINSON

Gracias por tu lectura de este libro.

En **penguinlibros.club** encontrarás las mejores recomendaciones de lectura.

Únete a nuestra comunidad y viaja con nosotros.

penguinlibros.club